学术书生存指南

[日] 铃木哲也 高濑桃子 著
丁瑞媛 齐 珂 译

南京大学出版社

学術書を書く

目 录

序言　从"不出版即消亡"时代到"即使出版也消亡"时代
　　——为什么要掌握学术书的写作方法 / 1

1　"不出版即消亡"与学术出版的疲弊 / 2
2　"即使出版也消亡"的时代已到来 / 10
3　电子化时代的分类、技巧和手法 / 12
4　本书的使用方法 / 14

I　思考——在电子化时代如何写作学术书

第一章　是知识还是"信息"
　　——电子化时代的"读者"与认知方式 / 19

1　"前电子化时代"的学术媒介与读者 / 20
2　学术图书与教养主义、通识教育 / 23
3　电子化、线上化的到来与"读者"的消失 / 26
4　是知识还是"信息" / 29
5　线上化——尤其是开放存取的可能性与学术书的写作 / 32

第二章　知识的越境与习得
　　　　——当今学术书的作用与重要条件 / 35

1　越境的知识——激活立志于新范式的研究 / 36
2　学习体系化的知识是否有必要——旨在学、识、技的习得 / 39
3　作为实利的教养——唯恐"读书人" / 40
4　学术书有何可写——学术媒介的分类和重要条件 / 43
5　教科书、教材的未来 / 46

Ⅱ 写作——让写作富有魅力的学术书执笔技法

第三章　计划与编写 ——读者、主题与论述策略 / 51

1　从读者角度来决定主题——主题是不言而喻的吗？/ 51
2　编排时的注意点 1——起始章节与研究史的处理 / 60
　　在起首的 10 页中提示"广域性""现代性"的意义 / 61
　　如何处理研究史？/ 61
3　编辑时的注意点 2——章与章的统合、序章的写法 / 63
　　关键词的设定 / 63
　　何时写作序章 / 65
　　索引是关键词的汇集 / 66

第四章　注意表述及标题以提高文本可读性 / 67

1　"重复"会把可读性降至最低 / 68
　　注意章节的起首部分 / 68
　　独立作者著述中经常出现的"矛盾性重复" / 69
　　单纯以"总结"形式存在的"归纳"和"篇章概括"会起反作用 / 70
　　必要性重复的处理方法 / 71

2　避开"过分谨慎的表述" / 72
3　如何处理专业领域内的、规范化的记述 / 73
　　调查与实验中"方法"或"程序"等的表示方法 / 73
　　计量性研究中分析方法的提出 / 74
4　如何展示专业的概念、用语以及数值 / 75
　　意外的盲点 / 75
　　数值数据的提出、图表的用法 / 77
5　在目录上下功夫 / 78
　　所有书的目录都相同？——"规范论文标题"中存在的问题 / 78
　　单调标题的形成原因——"系列罗列形标题""固定重复形标题" / 80
　　怎样拟出合适的标题？ / 83

第五章　用多彩的要素演绎文章魅力 / 85

1　为书增色的各种要素 / 86
2　小专栏——导入正文 / 86
3　注释——补充正文 / 92
4　术语解说——夯实基础 / 94
5　区块让各种要素变得更考究 / 97
6　照片——用有吸引力的照片配文补充正文 / 103
　　有可读价值的配文 / 103
　　使用卷首插图给书增色 / 103
　　不想用的照片也能用 / 105
7　图表——明确作者的创作意图 / 107
　　精美的图表会改变读者印象 / 107
8　各章的提要、关键词和篇章页——突显各章特征 / 108
9　用附录（后记）帮助理解 / 114
　　卷首 / 114
　　卷末 / 114

10 　其他各种技巧 / 118

Ⅲ 　刊行——提高发行量的技巧和制作方法

第六章 　标题和索引——显示在起首和末尾的信息内容 / 123

1 　起一个有吸引力的标题 / 123
2 　做一个能传达信息的索引 / 131

第七章 　排版和校正的方法——为了合理制作 / 134

1 　图书的排版和印刷领域——与电脑写作不同 / 135
　　全部处理成文本文档格式 / 135
　　全部由非专业人员操作 / 137
　　"马上让其修改""随时让其修改"是绝对不能说的话 / 138
2 　合理印刷排版的十项注意 / 139
　　一般内容排版时的注意事项 / 140
　　图表排版时的注意事项 / 142
　　小专栏　连接纸质书和电子技术 / 145
3 　确保校正无误的六项注意 / 149

结束语——学术书籍的写作与阅读 / 155

参考文献·参照事例 / 161

序言

从"不出版即消亡"时代
到"即使出版也消亡"时代

——为什么要掌握学术书的写作方法

1　"不出版即消亡"与学术出版的疲弊
2　"即使出版也消亡"的时代已到来
3　电子化时代的分类、技巧和手法
4　本书的使用方法

　　研究者或是立志成为研究者的人士或许都听过一句话——"Publish or Perish",译作中文便是"不出版（发表）即消亡",这句话第一次用在学术场可以追溯到很久之前（Garfield,1996）,当时多指对不发表成果的研究人士的批判和斥责,这一点毋庸置疑。

　　然而,该说法的用法从近二十五年开始不断地发生着变化。以前这是教授在训斥懒惰的研究生时使用的话语,逐渐它开始出现在一些已经非常优秀的研究人士的口中。若是到了某一时间结点未能发表研究成果,他们会因此职位不保或是无法获得研究经费,因而焦躁不安。同时,这已经不是个别研究人士的问题，在很多研究机构中也存在这个问题，具体来讲，大学或是研究机构若是无法公开出版学术成果，那么便无法在业界立足。不仅如此，大学或研究机构出版的已经完成同行评审的学术杂志和学术书的数量已不再是唯一指标，该成果有多少引用率也成为评价大学或研究机构的重要指标。如此看来，从个人而言所谓的"不出版即消亡"，到了组织机构这里似乎译作"不出版即撤销"更为合适。曾几何时，我还没有太强烈的写作出版的意识。从1990年代初的大学设置标准大纲化之后，进行了一系列的大学改革，尤其是引入了自我评价体系之后，研究生院做了重点化改革，公立大学和研究机构进行了法人化。当学术研究的世界中竞争元素被制度化，"不出版即废止"的倾向便更为明显了。

1 "不出版即消亡"与学术出版的疲弊

那么，问题来了。当学术研究中引入了竞争元素，学术成果的公开发表成为衡量学术研究的量性指标时，很多以前并未重视的问题便接踵而来。

众所周知，近二十五年来，尤其是在STM（理科、工科、医学）领域，发表的论文数急剧增加，这些数据报告大多依托有名的国际学术期刊的论文数据平台的支撑，著作的出版情况也大抵如此。学术书存在一个定义的问题，因此很难有一个确切的统计数据，但是如果硬是要归纳一下，可以发现以下三大倾向。

其一包括美国的学术出版，尤其是大学出版社的动向。S.霍多罗（S. Chodorow）在《学术图书的过去与未来》（"The Once and Future Monograph")的学术论文中曾指出，学术图书将逐渐成为单纯地用来评价终身任职权或晋升的基准，内容日渐狭隘化，而不再作为一种知性价值的存在（Chodorow，1999）。在"不出版即消亡"的发达国家美国，很多研究人士为了获得大学终身教职，将学位论文直接出版，而接受并支持其出版的则多是大学出版社。那么，结果会怎样？

在美国，美国大学出版社协会（The Association of American University Presses：AAUP）旗下有大约120家大学出版社，表序-1中的数据基于较早（1997年）的资料，但是可以从数据中看出AAUP旗下出版社的经营状况（渡边，1999）。参加该调查问卷的是当时出版社协会下的约半数的学校，其中大学出版社呈现明显的两极分化倾向，小型出版社（第一、二组）若没有校方的支持几乎无法经营，而包括大型出版社在内的持续盈利经营的仅有十来所高校。美国的大学出版社，担负着学术交流的重任，具有悠久的历史和影响力（HAWES, GENE R., 1969）。当其单纯成为研究评价的工具时，结果便是大多无法盈利。

其二，我们把目光投向日本。日本的书籍年发行量如图序-1所示。图中所示时间轴从大正末期开始一直到21世纪，之所以将时间线延长至此，是想让读者们看一看1980年代之后，尤其是进入90年代之后书籍年发行量激增的异常情况。从图中可以看出，昭和初期，日本的书籍年发行量超过2万册，尽管在太平洋战争战败前后数值上呈现锐减趋势，但是很快恢复到正常水平，至1970年代末基本回归至2万册。参考人口规模的增减，出版界的年发行量保持在这个规模恐怕是最为合适的了。

然而，进入 80 年代之后，数据呈明显上升趋势，90 年代初，正如前文所言，竞争元素引入学界并制度化，图表中的趋势线直线飙升。当然，其中学术书的增量有多大，学术出版体量的变大对于学术书的影响到底有多大，由于没有具体的数据，无法给出定论。但是，八九十年代学术界发生了巨大变化，恐怕这与出版发行量的激增不无关系，关于这一问题，后文中也会详述，这里暂不展开。

表序-1　美国大学出版社的经营状况（渡边，1999）

	第一组 (23 个 出版社)	第二组 (15 个 出版社)	第三组 (15 个 出版社)	第四组 (8 个 出版社)	计（平均） (61 个 出版社)
销售额基准（100 万美元）	～1.5	1.5～3	3～6	6～	
平均销售额 （100 万美元）	0.9	2.0	4.0	14.0	3.6
出版种数	34	72	115	227	85
正式职工数	12.8	24.1	37.1	96.7	32.6
指标所示"盈损"情况					
销售总量	117.6	118.6	118.9	120.5	119.9
退货总量	17.6	18.6	18.9	20.5	19.9
净销售额	100.0	100.0	100.0	100.0	100.0
销售成本（不包 含编辑费用）	51.7	48.0	42.5	44.5	45.1
毛利	48.3	52.0	57.5	55.5	54.9
杂收入	1.5	3.3	2.0	4.7	3.5
销售利润	49.8	55.3	59.5	60.2	58.4
总支出（包含编 校费用）	89.0	78.9	70.2	63.8	70.0
营业盈损	−39.2	−23.6	−10.7	−3.6	−11.6

续　表

	第一组 （23个 出版社）	第二组 （15个 出版社）	第三组 （15个 出版社）	第四组 （8个 出版社）	计（平均） （61个 出版社）
从校方获得的资助经费	33.9	16.5	4.8	0.7	7.4
补助金	6.1	4.0	3.9	2.8	2.8
小计	40.0	20.5	8.7	3.5	10.2
经营盈损	0.8	－3.1	2.0	－0.1	－1.4

如果将净销售额（书籍的发货总量减去退货量后的纯销售额）计作100来看盈损情况，可以发现，年销售额在150万美元以下的小型出版社（第一组），书籍单价与支出方面均大幅度上升，从而导致营业盈损为负值（－39.2）。其结果便是，需要从校方获得高额的资助经费。表中可以发现，唯一不需要从校方获得资助的只有年销售额达600万美元以上的大型出版社（第四组）

依照《日本出版百年史年表》《出版数据库1945—1996》出版年鉴2014制作而成
图序-1　日本书籍发行量的推移

其三是日本大学出版社的动向，这是书籍发行量激增的第二个体现。实际上，随着书籍发行量的上升，出版市场在很长一段时间内处于持续扩张的状况。如图序-2所示，日本的书籍总

依照出版年鉴 2014 制作而成

图序-2　年书籍总销售额的变化（单位：亿日元）

依照出版年鉴 2014 制作而成

图序-3　出版社数量的变化

销售额以 1996 年为界逐年减少，与此相应，出版社的数量也从约 4600 家的最高点急速减少（如图序-3）。正所谓出版行业进入了不景气时期，从统计的数据便可窥见一二。如前文所述，由于没有将学术书单独抽出而统计的具体数据，因此无法明确获知具体情况，但是从出版史中的记载可以看出，其不景气的征兆从1970年代的前半部分就已经萌发，到70年代末期突显出来（东京大学出版社，1991；2001）。80年代后，由于学生的"脱纸化"倾向日趋加重，书籍总销售额几乎一直处于低位。

一般来说，商业规模伴随着市场的拓展而扩大，但是，在上述严峻的出版行业不景气的大环境下，大学出版社的创立还是显现出活跃的特质。如表序-2所示，至2014年春，正在进行各种出版活动的日本的大学出版社及其创立年份，笔者整理如下（创立年份空白的即时间不明）。作为其中的代表，东京大学出版社创立于1951年，而更有早在明治初期就创立的出版社，也有进入1990年代才创立的出版社，其中尤以公立大学出版社居多。换个角度来看，出版市场紧缩的1996年之后，大学创立出版社成为一大热潮。

表序-2　日本的大学出版社的创立年份（依据大学出版社协会的调查）

爱知学泉大学出版社协会		大正大学出版社协会	1927
爱知教育大学出版社协会	2005	玉川大学出版社	1923
爱知县立大学学生出版社协会		中央大学出版社	1948
会津大学出版局		筑波大学出版社协会	2007
IUP移动大学出版社协会		帝京大学出版社协会	
青森大学出版局	1972	帝塚山大学出版社协会	2006
石川县立大学出版社协会	2012	天理大学出版社	
爱媛大学媒介支持出版社	2003	东海大学出版社	1962
追手门学院大学出版社协会	2013	东京大学出版社协会	1951

续表

大阪大学出版社协会	1993	东京外国语大学出版社协会	2008
大阪经济法科大学出版社	1987	东京学艺大学出版社协会	2001
大阪公立大学共同出版社协会	2001	东京艺术大学出版社协会	2007
大阪樟荫女子大学出版社		东京工业大学学术信息部	
冈山大学出版社协会	2007	东京电机大学出版局	1907
小樽商科大学出版社协会	2007	东京农业大学出版社协会	1924
御茶水女子大学 E-book Service		东京农工大学出版社协会	2006
金泽医科大学出版局	1990	东京富士大学出版社	
金泽工业大学出版局	1989	东京理科大学出版社协会	1959
金泽牙科大学出版局		同志社大学出版社	1953
CARITAS女子短期大学出版局		东北大学出版社协会	1996
关西大学出版社	1947	富山大学出版社协会	2006
关西学院大学出版社协会	1997	名古屋大学出版社协会	1982
神田外语大学出版社		奈良教育大学出版社协会	2008
关东学院大学出版社协会	2001	二松学舍大学出版社	1975
九州大学出版社协会	1975	日本文理大学出版社协会	2010
京都大学学术出版社协会	1989	白鸥大学出版局	
京都产业大学出版社协会	1985	东日本国际大学出版社	
近畿大学出版局	2005	弘前大学出版社协会	2004
庆应义塾大学出版社协会	1947	广岛大学出版社协会	2004
皇学馆大学出版社	1967	普尔学院大学出版社	2007
高知工科大学出版社协会		富士短期大学出版社	1962
高野山大学出版社协会	1940	法政大学出版局	1948
公立函馆未来大学出版社协会	2014	放送大学教育振兴会	1984
国际医疗福祉大学出版社协会	2004	北陆大学出版社协会	

续表

国际教养大学出版社协会	2009	北海道大学出版社协会	1970
国联大学出版局	1975	松本牙科大学出版社协会（MDU出版社协会）	1994
埼玉大学出版社协会	2008	松本大学出版社协会	2003
埼玉工业大学出版社协会	2011	三重大学出版社协会	1998
产业能率大学出版社	1965	武库川女子大学出版社	
静冈学术出版		武藏野大学出版社协会	2005
首都大学东京（东京都立大学出版社协会）	1999	武藏野美术大学出版局	1983
上越教育大学出版社协会	2013	明治大学出版社协会	2011
城西国际大学出版社协会		明星大学出版社	1975
城西大学出版社协会	2013	山形大学出版社协会	2007
上智大学出版	1999	横滨药科大学出版社	
上武大学出版社协会		立教大学出版社协会	2001
女子营养大学出版社	1935	立命馆大学出版社	1926
信州短期大学出版社	1992	流通经济大学出版社协会	1977
圣学院大学出版社协会	1991	丽泽大学出版社协会	1999
圣德大学出版社协会	2002	早稻田大学出版社	1886
专修大学出版局	1974		

* 灰色填充表示的出版社，是2015年3月时统计的大学出版社协会的加盟出版社

尽管无法统计到所有出版社的活动数据，但是，从日本的大学出版社协会（AJUP）的加盟出版社统计到的数据来看，1970年发行刊数为347种，至1980年上升到478种，1990年为581种，2010年为770种，至本书发行前的2014年最新调查所示，年发行量为723种。虽然未达到日本全部书籍发行量的增长率，

但是也可以看出一直处于上升阶段。

虽然出版市场收缩，但是大学创立出版社仍成为一大热潮的背景有二。其一，如开篇所言，不仅是个人，组织机构也开始推崇"不出版即消亡"；其二，尽管市场规模缩小，但是既有的出版社无法承担所有的出版任务。自然科学领域，成果公开大多需要通过学术期刊，而在人文社会和综合领域中，包括教科书和概说类书籍在内的书籍出版是业绩评价的主要依据。当然，并非仅仅将学术成果付梓成书即可，还须关注其学术影响力，因此，选择更具流通实力的出版社来出版显得尤其重要。但是，在前面提到的出版业不景气的情况下，只有被认为"畅销"的书才会出版。如此一来，大学或是组织机构争相创立自己所属的出版社就很容易理解了。

日本大学出版社的这一动向，从商业的角度来看是否合理呢？实际上，有些大学出版社创立后仅维持了数年便停止了实际出版活动，因此在创立之初还是应当充分考量再做决定，但这并非本书想要探讨的内容。"不出版即消亡"内涵的变化所带来的一系列问题已经成为学术成果发表中的重要问题，甚至出现了"即使出版也消亡"的情况，这也正是笔者的担心所在。

2 "即使出版也消亡"的时代已到来

基于上文所述美国的大学出版社的相关情况，京都大学学术出版协会从 1999 年开始，与国外的学术出版社、大学出版社合作，开展将英文的学术书从日本向全世界发行的项目。熟识的欧美编辑们分享了当地经过激烈的竞争而磨炼出的丰富的学术出版技巧和心得，其中关于学术书的发行的讨论最为热烈和认真。概括来说，在美国，以前的学术书籍的首印量大约为2000册，而在京都大学学术出版协会，译著和面向国民的教育类书籍、教科书之外的"狭义的研究书籍"平均首印量大约为1000册。考虑到日本与美国的研究人士的数量差异，美国出版界"2000册"的这个数字是恰当的。但是，当其作为"不出版即消亡"的出版承接单位，出版社开始普及"按需出版"（POD）[1]后，首印量明显减少（少时仅有200—300册），而且就算不是考虑是否加印的问题，首印的200—300册的量是否能售完有时也成问题。正如霍多罗所言，当"学术书籍"单纯作为人事审查衡量基准，便已经失去向广大读者传达知识的价值了。

关于这个问题，哈佛大学出版社人文学部门执行主编C.沃特斯（L. Waters）曾指出，"不受读者喜爱或是未经阅读的论文"堆满了主编室（Waters, 2004）。尽管笔者不太认同这样简单露骨的表达，但是，让我们来看看这样一组数据：75%的社会科学的论文一次都未被引用，人文学科中，98%（还可能更高）的论文未被引用[Hamilton, 1991; Cheney, 1991, 数据来自Bok. D (2015)]，尽管这些数据是在什么样的背景下调查所得还有待商榷，但是，倘若日本的学术书籍、学术论文无人阅读，这还是让人很难接受的。诚然，笔者还未看到具体关于学术论文（包括日文论文）在我国的引用率、引用次数的调查统计数据，但是想来与

---

1 Print on demand，基于简易的印刷制作体系而进行的少量印刷，但其必然导致每部书的成本增加、书价上调。——译者注（本书脚注均为译者注）

切尼(Cheney)和汉密尔顿(Hamilton)对于美国状况的描述大同小异(当然,将引用情况从量上进行评价本身就有待商榷,但这并不是本书的讨论内容,该内容请参考笔者的另一著作)。

总而言之,论文无人阅读,作为学术交流的媒介的学术书籍仅出版少量,这原因究竟何在？深究其要因,应该在于"不出版即消亡"的前提已崩塌。学术交流的世界里应该是只有在认真阅读之后才能进行评价,无人阅读的这种"出版"就毫无意义。花了大心思去做研究并出版的学术书籍却无人问津、无人评价,这就是所谓的"即使出版也消亡"的时代。即便如此,研究者为了得到认可,必须继续促成学术成果的"出版"。因此,我们只有从本质上去重新认识"出版"本身,才能实现真正意义上的"出版"。思考学术书籍该如何写作,想必有益,这也是笔者写作本书的初衷。

那么,这里的学术成果为什么一定要是"书"呢？

3 电子化时代的分类、技巧和手法

这个问题的答案在下一章中将具体论述,这里想讨论的是"即使出版也消亡"时代的到来,即哪怕写好论文并公开发表,也未能得到广泛阅读,其原因之一是发表媒介发生了变化。学术成果发表媒介种类的大幅度增加,是相对于之前研究成果只能经由学术杂志或是学术书籍等形式来公开而言的。直到近25年前,纸质媒介只有纪要、学术杂志、学术书籍等有限的几种方式,而现今,网络上的诸多媒介——例如学术信息库(大学或是研究机构用电子形式保存和公开组织内部关于教育、研究活动的学术成果的系统），或是研究人士的个人微博等——就可以成为直接的信息发射源，形式非常多样。当然，以往的媒介本身也实现了电子化，在STM的领域，已经很难找到没有线上期刊的杂志了。线上期刊本身有多种分类，有已经完成同行评审的付费杂志，有的杂志可以开放存取（open access），也有些未经过同行评审的纪要类论文。

在这一背景下，以前的发表媒介，尤其是作为纸质媒介的学术书籍的锐减也具有其必然性了。笔者一直很关注研究成果的线上化，特别是学术成果公开查阅的可能性问题，但是我们会发现，即便如此，传统的学术书籍并没有因此而消失，如前文所述，反而其出版总量逐年递增，这是何故？当然是在学术研究层面，"书"一直具有某种特殊意义的缘故。关于"写书的意义"这部分内容，第二章将详细论述，而在这里想提前论及的是"写书的意义"在当今学界越来越受到关注，因此将研究发表的媒介进行"分类"尤为重要。换言之，即"何以为书"比起以往任何时候都更为重要，这也是本书的重要主题之一。

毋庸赘言，"何以为书"，简单地说就是"写什么"，而比起"写什么"，首先要着眼的是"怎样写"这样的实践性问题。如何写作，在大学或是研究生的课堂上几乎没有专门的课程来教授，最近有的学校开设了"学术写作"类的课程，但是授课内容大多为学术论文的基础性格式规范、图表的制作方式等内容，还未达到去思考学术论文的读者是谁、如何企划才能更有"卖点"、如何提高可读性等问题，并从具体技法等方面进行实践性指导的层面。本书将从两位笔者的亲身体验入手，不仅从"学术写作的基础"

层面,而且从更为全面的、实践的角度来探讨"如何写作"的问题。开放存取等学术成果发表媒介的全新探索,很大程度上丰富了学术交流,我相信对于学术书写法的思考也将进一步助力学术交流。

在现今这个时代,纸质媒介的制作也大部分电子化了,很多研究人士对此并不熟悉,因为未知而带来误解时有发生。在笔者的恩师的时代,"纸质文稿"还是普遍性的写作方式,此时特别需要注意的就是,文字一旦成型,便很难再进行大规模的修改。但是,当研究人士几乎百分之百拥有电脑之后,"文字处理感"的错觉产生了,他们认为文稿可以自由修改并且即时反映到纸面上。实际上,无论是"纸质文稿"还是"电子媒介"都不是那么简单的事情。很多研究人士不会想到,这种"文字处理感"会造成文稿写作时的混乱,同时增加制作成本。成本的提高反映在价格上,价格提升大多会降低销售量。本书将在理解上述文稿制作方式的基础上探讨学术书籍的写法。

4 本书的使用方法

基于上述问题意识,本书的第一部分将探讨在学术信息趋于电子化的时代,写作"学术书"有何意义,虽从原理上进行分析,但规避了出版史式的记述,旨在进行实践性的指导。

第二部分将有针对性地对学术书的写作进行具体探讨。学术书籍的出版,并非研究上有创新、成果优秀就能成功,还需要依据该书的读者群来恰当地运用写作技法,这也是至关重要的。关于写作时的规则,例如引用和标记的方法、古文的标记方式、单位和数量的标记方式、著作权的处理等方面，已经有很多指导书有所记载，在本书中仅做最基本的说明。本书着重从两位笔者的实践经验出发，探讨学术书籍为谁而写、如何才能将书中的信号传达到读者心中等写作规则无法指导的问题。本书旨在给予立志写作学术书籍的诸位一些写作技巧等方面的建议，以期写出"对于那些与本专业稍微有跨度，但从宏观上又有所关联的研究领域的学者或学生也充满魅力"的书（本书中使用了"适合二环、三环外学者的书"这样的表述方式）。

第三部分主要介绍写作完成之后的注意事项，包括将终稿交于出版社和印刷公司的负责人，直至成书出版及上市销售的全过程。要知道，倘若对此加以关注，将会令出版更加有效率、更加顺利。

此外，学术书籍的出版，较一般的书籍而言，很难带来较大的商业效益，也容易受到成本等问题的制约，但是又追求内容上的丰富多彩，因此，巧妙运用社会上现有的各种格式规范和技术尤为重要。值得一提的是，日益进步的电子技术，填补了传统的纸质图书出版时的很多不足，给我们提供了很多新的创意。另外，也可以灵活地借助于各种利于学术书籍出版的补助制度，关于这一点，有不少文献可供参考，本书中就暂不拓展介绍，仅就笔者实践经验在书中以小专栏形式简要说明。

市面上关于学术论文写作方向的指南性书目早已出版，例如《知的技法》（东京大学出版协会）、《理科的作文技巧》（中公新书）等，相比较《芝加哥格式指南》（*The Chicago Manual of Style*）之类关于学术图书格式规范的国际性集大成的指南书，本书内容更为浓缩。本书的宗旨是在每一部分能够补充一些上述指南书或是面向学生的指南中没有的内容。在"即使出版也消亡"即学术书籍无人阅读的时代,若本书能给预备出版学术图书的研究人士和学生、需要出版著作来作为业绩评价指标的研究机构负责人和图书馆相关人士、关心学术交流的媒介人,以及与笔者一样的学术出版人一些帮助,笔者将深感荣幸。

Ⅰ 思考

——在电子化时代如何写作学术书

第一章

是知识还是"信息"

——电子化时代的"读者"与认知方式

1　"前电子化时代"的学术媒介与读者
2　学术书与教养主义、通识教育
3　电子化、线上化的到来与"读者"的消失
4　是知识还是"信息"
5　线上化——尤其是开放存取的可能性与学术书的写作

　　序言中提及，相对于其他媒介形式，学术期刊或是学术图书多以纸质媒介的形式公开发表。学术杂志的电子化（线上化）很早之前就已经开始其国际化的进程，这为学术交流带来了巨大变革，然而，学术图书，尤其是在日本，已经刊行的图书或多或少开始了电子化，但是新书几乎还是清一色以纸质媒介的形式进行发行。可以说，只有学术图书仍然保持着传统的形式在学术世界中"存活"。

　　既然"存活"下来，那么必然有其存在的意义，也正因为"存活"下来，其中或多或少存有一些问题。本章将从学术成果的电子化、线上学术交流的层面来思考学术书籍存在的意义和问题。

以此从本质上、根源上去讨论学术图书的写作方法，相信会给学术杂志或是其他媒介上的成果发表带来一些启示。这里所谓的"学术上的成果"，实际上与最近经常听到的"学术信息"几乎同义，但是本书尽可能地规避了"信息"一词的说法，其理由在后文中会详细说明。本书中所提及的"学术交流"，指的是学术成果的公开和接收的闭环，即研究成果通过某些媒介进行公开（包括经由图书馆等系统进行对外公开和集中汇总的成果），再由其他研究人士接收并产生新的火花的过程，如果读者通过本书的介绍能够对"学术交流"的全过程或是其中一部分有所了解，就已足够。

1 "前电子化时代"的学术媒介与读者

序章中曾指出，学术交流的形式发生变化的时期，正是 1980 年代开始普及的电脑通过网络与世界紧密联系的时代。1990 年之后，互联网的大规模普及带来了学术交流形式更加迅猛的变化。当然，后文也会提到，电子化时代的到来并非学术交流形式发生变化的全部原因，这与当时研究教育的制度和质的变化都不无关联，但是不管怎样，要理解"电子化时代"之后的现状，有必要追溯到"电子化时代"的稍前一段时期，即 1970 年代。

这里将时间设定在"电子化时代"的"稍前一段时期"是有原因的。学术交流的历史最早可以追溯到更久远的纪元前，从近代科学成立算起也有 400 余年的历史，将其中的变迁和成形在本书中一一讨论，篇幅上无法允许。但是，笔者在此想特别强调的是，从中世纪产生大学制度至今，包括近代印刷术出现之前的手写书籍的时代在内,"书物"一直是大学不可或缺之物(Jacques Le Goff,1977;箕轮,1983;长谷川,2003)。随着活字印刷的普及,17世纪末前后学术杂志出现之后,"书物"分成书籍和学术期刊,此后,学术研究间的量的、质的、制度的差异都在不断扩大,但是,作为有形之物的"书物"一直以来都占据了学术交流最为核心的位置,这一点毫无疑问。然而,20世纪后半期,尤其是进入1980年代之后,在"作为有形之物的书物"之外出现了各式各样的媒介来承担学术交流的任务。反过来讲,1970年代,书籍为核心,延续了约400年的印刷媒介作为学术传播载体最为成熟的时代,也是笔者亲历的时代。

表1-1是笔者从复制量和定期性为着眼点,对1970年代的学术交流媒介进行整理后的数据。

表1-1 以"复制"为抓手对1970年代(即前电子化时代)的学术媒介进行的统计

1	几乎未被复制 笔记,板书,学术类的私信往来
2	虽被复制,但仍占少数,册子类 纪要,报告书,简易印刷且未正式出版的册子类的专题著作和论文集
3	有较大复制量的定期发行的期刊 已通过同行评审的学术杂志(专门杂志、综合性杂志)
4	有较大复制量的图书 研究类图书,面向大学生、研究生的教科书

这里所谓的"复制",指的是通过重新印刷或是其他方式,将同一内容复制后多次流通,当时复印机并不普及(现在很多家庭都有复印机,但是在1970年代,复印机非常昂贵,大学里以系部为单位才有可能拥有几台),因此,在当时,书物"复制"几乎与工

业上的印刷同义,其工序繁杂且价格高昂。正因如此,复印(印刷)的书物择选非常严格。此外,序言中也曾提及,书籍发行的市场规模与此后的时代相比处于较低水准且较稳定,能够进入市场进行销售的书目数也有限,因此出版内容的选择非常重要。换言之,出版什么、出版多少,这些是必须提前思考好的。"为什么要写作""为谁而写作",即写作目的、受众是谁,这些基本概念在出版之初就必须思考好。

那么,让我们从写作目的和写作对象,即读者方面,再来看一看表中的四大类型。

表中的第 1 类型,其写作目的极为局限,仅为了某些特定的目的,且受众也具有其局限性。内容往往就某一限定的主题进行解说或是意见陈述,不具备一般体系性。

表中的第 2 类型,这些媒介大多可以包含在英语"proceeding"这个词中,正如"正在进行""后续进行"的细微差异,这一类型的成果与其说是总结性的研究成果,不如说是研究活动的阶段性成果的速报、片段性展示,因此,其读者也势必限于关注同一主题研究或是相近研究的研究人士。由于缺少同行评审,因此有时其内容会具有假说性或部分性的特征,对于受众也没有特意关注,仅限于与自己研究相近的范围内。纪要类甚至经常收到"无人会读"的恶意批评,这些都是与该媒介本身具有的特性相关的。

表中的第 3 类型为学术期刊,在速报性这一点上与第 2 类型有所相似,但是不同的是,研究成果一般为已经成型的最终成果。同时,该成果必须经由同行评审,因此除了需要具有学术影响力之外，还必须提高其说服力和可信度，提升其可读性。尽管学会期刊等专门类期刊与《自然》（Nature）、《科学》（Science）这些综合性杂志多少有些差异，但是，作为其写作对象的读者均为与作者相近领域的研究人士或学生，因此，具有能够理解作者写作内容的前期学术历练和学术积淀。相较于表中的第 4 类型，并不需要面向更广范围的读者。

那么，现在问题就是第 4 类型的学术图书，在包括日本在内的很多国家，学术图书是与一般的图书一样放在城市书店中售卖的，任何人都可以购买。图书馆内也是如此，尽管按专门领域进行了书架的区分，但是一般并没有对于图书的对象即读者的阅读能力（是专业的还是非专业的）进行区分。从图书这一媒介本身的特性来看，本来就无法对读者有所设定。实际上，相信不少人都有过这样的经历，原本去书店是寻找一本想要的书，到了那里却被另一本书的标题或是腰封上的宣传词所吸引，继而买下这本与专业无关的书，这种邂逅或许会给后期的研究带来一定的影响。不仅在书店里可能会被这种专业外的书籍吸引，在报纸和杂志的书评栏中也会遇到不少这种情况。书中的内容与专业领域大相径庭，从这种超越专业领域（越境）的可能性来看，表中第 4 类型的学术传播效果远远大于另外三种，这也是学术图书的特征所在。

2 学术图书与教养主义、通识教育

在将话题转移至 1980 年代以后的在线化时代之前，就学术图书的越境可能性问题，有必要认真思考。关于"学术书的读者"问题,将在第3章详细论述,这也是本书的核心主题。

学术媒介从读者与内容方面进行的四类区分(表1-1),一直到1970年代都是非常稳定的,其理由之一在于,当时的学术媒介几乎只有印刷媒介一种,复制并非易事,因此,从复制(印刷)量上来进行区分,一般就可以将该媒介进行特征分类。倘若将这称为技术上的理由,那么还有另一个理由是社会文化上的理由,即"教养主义"。所谓"教养主义",简单说来,即竹内洋明确指出的"通过读书获取知识,以此来磨炼人格、改造社会的人生观"(竹内,2003)。

在欧美学界,自古(从某种程度上来看,现在仍然如此)在学问研究时,或是接受高等教育的社会阶层之间存有"重视通识教育"的传统。在高等教育中,有一些基础知识是任何人都需要掌握一二的,例如语法学、修辞学、逻辑学、算术、几何学、天文学、音乐这七个科目。而这七科也正是"通识教育"的几大门类,随着学术研究的发展和分化,其内容范畴更为扩大。但是,不管怎样,通过大学的本科课程学习,掌握与广阔的学问领域相关的基础性知识,以及足以理解该知识的理解力与判断力(即对知识的关注和基础的方法论),这一点尤为重要。

受欧美学界的这一传统的影响,日本在明治时期之后开始意识到,掌握知识尤其是古典知识,不仅是学问研究的需要,更是成为社会精英的人格塑造的重要一环。福泽谕吉的著作《劝学》成为国家普及教养主义的重要书目,新渡户稻造、夏目漱石、和辻哲朗、仓田百三、阿部次郎等人都通过其著作倡导教养教育的重要性。教养主义最早萌芽于大正时期的旧制高等学校,后来影响了战后的新制大学,到1970年代前后成为大学生的规范文化(竹内,2003)。竹内洋指出,这种规范是基于农民的勤勉精神。当时农村与城市之间存在的差距带来了农民对于城市文化生活的向往,而通过教养即读书来获取知识、陶冶情操便是教养主义最早的动机。到了1970年代,虽然随着全国性的都市化进程,农村与城市的文化差距日益缩小,但是此时教养已经不只是对于文化生活的憧憬,大学生的教养教育也成为一种规范。

笔者无意在这里讨论(日式)教养主义的优劣,但是想确认的一点是,通过通识教育的学习,掌握宏观的基础科学知识,不仅是研究人士,更是社会人士,尤其是社会精英人士的必修课。加利福尼亚大学伯克利分校的理查德 A. 穆勒(Richard A. Muller)教授曾经有一门著名的课程名为"未来总理的物理课"(Physics for Future President),课程内容的一部分已经整理出版。穆勒教授指出,光是学习好法学、政治学、经济学这样的学科,将来是无法成为社会精英的,唯有具备涉猎基础科学的广阔认知,才有可能在学界、政界、产业界大展拳脚,甚至作为专家、领袖来处理现当代的各种问题,明确这一点对于美国社会尤为重要。那么,如何才能真正掌握这些方面的素养呢?教养主义时代的读书方式,即"随时阅读手边书"是一个很好的方法。上文中也提过,书是一个可以跨越专业和狭义的研究关注点的界限的媒介,至少到1970年代之前,即使是专门的研究著作,大多也都是基于这样的"越境"意识而写就的。

总而言之,到1970年代为止,不同的学术媒介,基于其复制(印刷)的数量即对象读者数和推广数,各自发挥着作用,其中,书扮演的是一个能够跨越不同专业知识边界的主角，这也就意味着写书必须充分意识到目标读者的范围，因此要花费特别的心力。

3 电子化、线上化的到来与"读者"的消失

然而，进入1980年代之后，这种局面发生了巨大变化。其原因有很多，其中最为广泛的背景正是竹内洋提出的城市和农村的文化差异消失，高等教育的升学率大幅度提高，因此，学生不再是精英，"教养的育成"这一人格意义不复存在，社会文化意义发生了变化。那么，我们再回过来看看先前所说的技术上的要因吧。

据说世界上第一台个人电脑诞生于1974年，但是依照笔者的感受，"个人电脑"一词的普及应当是在进入1980年代之后。起初，其价格高昂，随着1985年左右苹果公司的Mac(Macintosh)问世以来，"个人电脑"开始在研究和教育领域急速普及开来。

由此带来的巨大变化首先在于文字和图表之类——原本都是由手工写绘的学术资料——开始由电子数据来记录。这是一项革命性的变化，文稿的加工、保存，特别是复制变得极为容易，这也加速了学术交流方式的改变。且不谈花费的费用和工夫，只须坐在自己的房间里，写下来的东西就可以无限次地复制，而且无须纠结于选择究竟该印刷什么。几年之后，原本仅仅是在有限的组织或研究机构间交流的电子数据，立刻就可以向全世界、向所有人推送出去，并且无须经过纸质媒介，学术交流几乎瞬间便可以在多人间完成。

"真是太方便了",这是很多人理所当然的感受,说实话,笔者当时也这样想。但是,这里有个庞大的陷阱。2008年7月,《科学》发表了一篇意味深长的论文,题目是《电子出版和科学与学问的狭隘化》("Electronic Publication and the Narrowing of Science and Scholarship"),论文中指出,电子出版这种学术杂志在线化,正在导致学术研究的日渐狭隘。论文的作者詹姆斯·A. 埃文斯(James A. Evans)使用学术论文数据库对1945年至2005年间的3400万篇论文进行了调查,从计量学上对其中的引用情况进行了分析,指出学术杂志实现在线化之后,被引用的论文发表年份相对都较新,且仅限于有限的一些论文(Evans, 2008)。

上文中表1-1的第2类型中少数被复制交流的论文集,也在开放存取之后实现了互联网上的免费公开。为了获知开放存取能够发挥多大的效果,京都大学学术出版协会和京都大学附属图书馆以学术图书为对象,于2007年进行了一项实验(铃木,2008)。从出版协会发行的,但已售罄或是接近脱销的学术书籍中挑选若干,征得作者的许可后以PDF的形式通过学术信息库无偿向大众公开,其结果如表1-2所示(承蒙京都大学附属图书馆的支持,深感厚意)。每本书在首印时都与本专业领域内其他书籍的平均首印数相当,大约1000册左右,最多2000册。但是,当该书开始在线无偿公开后,其访问阅读量便达到了原先的数倍,甚至数十倍(其中自然科学类和英文类书籍该倾向尤为明显)。当然,上文也提到,这些书都是已经售罄或是接近脱销的学术书籍,因此原本就是评价很高的书,将这些书籍无偿公开,达到这样的效果也是意料之内的。即使如此，也能看出学术成果倘若进行开放存取，那么其效果是非常显著的。

表1-2 京都大学学术信息库(KURENAI)公开的京都大学学术出版协会所属书籍的访问量

书名	作者等	论文访问量
泰国地方经济与创业：呵叻府案例研究（英文）	上田曜子	48338
"职场人"之研究：组织承诺理论与实际	田尾雅夫	11816
水面气体传输2010（英文）	J.亨特等	8157
气象与大气的无线电遥感	深尾昌一郎 浜津享助	2702
灵长类生态学：环境与行动推动力	杉山幸丸等	2573
日本庭园的植栽史	飞田范夫	1013
海德格尔研究：死亡与语言的思考	小野真	821
日语指示体系的历史	李长波	731
类型学序说：俄罗斯·苏维埃语言研究的贡献	山口岩	655
作为历史的生命：自我·非自我循环理论的建构	村濑雅俊	603
近代德国农村社会与农业劳动者："土著"与"外来者"之间	足立芳宏	418
环境破坏、健康与发展：改进亚洲模式（英文）	古川久雄等	416

引自2014年3月5日各文献的元数据画面的URL。访问量统计时间是从公开至现在

从上文的比较可以看出，表1-1中第3类型的定期发行的期刊，有相当数量被复制，且具有较高学术影响力，其电子化或将导致读者群缩小，与此相对，表1-1中第2类型的学术成果，原本仅仅少数被复制交流，随着其电子化，逐渐受到了多方关注。应当如何来评价这种逆转现象呢？我想答案应该是因人而

异的，这里就不深入讨论了，但是可以明确看到的是，到1970年代末，学术交流方式发生了巨大变化，我认为其结果是带来了"读者的消失"。

当然，这里所谓"读者的消失"，指的不是"读者数量的减少"，而是从学术交流的始发端（学术媒介或作者）的视角看不到读者，或者应该说学术交流的始发端开始意识不到读者。如上文所述，纸质媒介的时代，一本书要印刷多少本，通过这种明确量化的物质条件，想要向读者传达什么样的内容，这些在写作之初都必须要有明确的意识。而在电子化、线上化的时代，不需要考虑复制量的问题，这种对于读者有所规定的物质要因的消失，带来的必然是为读者考虑的意识相对弱化。换句话讲，电子化时代让学术交流的始发端可以无须考虑其受众。

这里问题就来了，这种难以意识到读者的时代中，原来的学术媒介类型，即表1-1中的四大类型同样存在，且更加多样化。经过同行评审的学术杂志实现在线化，其读者（或是阅读方式）也发生改变，尽管如此，学术杂志仍需保持其在学术交流中的原有功能。近年来，学术书籍电子化已经不再罕见，带来了读者及阅读方式的变化，但是学术书籍在学术交流中的作用却一如既往。当然，若是不能辩证地正确审视读者及阅读方式的变化，那是不可取的，至少我们应当认真思考学术媒介需要做些怎样的改变应对这样的变化。

4 是知识还是"信息"

首先，笔者就本书特意未使用"学术信息"这样的文字表述，说明一下理由。实际上，上文提及的缺少"读者"意识的问题的一个重要原因大抵就是"学术信息"这一说法。

各种形式的学术成果，或包括未公开发表物在内的学术性内容，从何时起被统一称作"学术信息"，这一点笔者没有确切的依据。但是，1965年文部省[1]学术局设立信息图书馆科，1972年，该科室发布了关于"学术信息"的调查报告书（文部省学术局信息图书馆科，1972）。1979年，图书馆信息大学（现筑波大学图书馆信息专门学群）创立，这大概是"学术信息"一词在研究领域急速传播开来的契机。"将传统的图书馆学与信息科学这一新的学科领域融合起来，形成并发展为图书馆信息学这一崭新的学术领域，通过进行与此相关的教育、研究指导，培育对社会有作用的专业人才、研究人员"，在这一宗旨之下创立的新构想的四年制大学——图书馆信息大学，顺应了时代要求（北原，2004），在信息化社会的黎明时期，在图书馆提供学术成果的汇集、保存、公开和使用的功能基础之上，导入了高水平的信息技术。

正如长谷川一氏所说，将学术成果视作信息的思维方式迅速普及开来，究其原因，与自然科学的学术交流成为学术杂志的主体不无关系，这一点毋庸赘言（长谷川，2003）。如前文所述，与学术图书相比，具有速报性的论文，或内容独立的报刊文章，具有独立成篇、易于思考的特点，而自然科学类的论文中作为结

---

[1] 文部省，现文部科学省（Ministry of Education, Culture, Sports, Science and Technology，英文简称 MEXT），是日本中央政府的行政机构之一，负责统筹日本国内教育、科学技术、学术、文化及体育等事务。

论出现的体量庞大的实验和观察的数据,必须具有可信性和再现性,同时文中的数据资料要求可供广泛使用。因此,要保存、集中和使用这些包括基础数据在内的资料,信息处理和管理的方法不可或缺。因此,将学术成果视为"信息"的思维方式迅速普及不无道理。

但问题是,这样的思维方式似乎形成了一股学术氛围,即将原本作为一个体系化的、历史中形成的"知识"独立地分割开来。原日本物理学会会长佐藤文隆(京都大学名誉教授)曾指出,所谓"知识的习得",是指知识与身体紧密关联,研究人士将知识掌握以傍身。而"信息"则不然,正如"接收信息""传递信息"这样的表述,让人感觉信息有着有需要时就获取,非必要时也可放置一旁的特点。可以说,是否需要该"信息",依照具体的需要而决定,因而具有其相对性(依照佐藤文隆所言)。

是"知识"还是"信息",这样的问题对于学问的存在方式也有所影响。日本文学研究者滨田启介(京都大学名誉教授)曾指出,研究文学时经常放在嘴边说的最基础的方法是"俯视"。例如,研究一位作家,那么仅仅研讨该作家的一部作品是绝对不够的,要用"俯视"的角度来看这个作家的整体作品、同时代的作家的作品群像,甚至与前后时代进行比较探讨……但是,滨田教授强调,如果将单独的文学作品(甚至作品中的部分内容)作为"信息"来进行处理,那么势必会因"俯视"而失去作品的关联性(滨田启介,私信)。

当然,不可否认,其中也有一些东西是只有将其作为"信息"分割开来分析才能得到的(杨、小松、荒木,2013),但是笔者认为，倘若将"知识"完全等同于"信息"，那么带来的可能不仅仅是"脱离活字"这样的问题，而是思考认知现状时会发现的更加严重的问题。

5　线上化——尤其是开放存取可能性与学术书的写作

在下一章的第 2 节，笔者将会具体论述"人类"原本通过抄本或是印刷本等媒介进行知识的传达，而学术交流的电子化尚未融入这种传统的知识交流方式，换句话讲，电子化的知识目前无法完全为"人类"所掌握。本章中也曾指出，在线化的实现某种程度上带来了学问的狭隘化，这是事实。但是，笔者认为，事实上，电子化、在线化具有在被纸质媒介支配的学术交流中无法实现的对于人类史而言的划时代意义。其中开放存取开拓了学术交流的新形式（铃木，2008），从"知识的民主主义"视角来看，开放存取也具有其巨大的可能性。

如平成 24 年度《科学技术白皮书》中所示，东日本大地震和福岛核电站的核泄漏事故之后，市民对于科学家的依赖感大幅度下降（文部科学省，2012）。对此的解释有很多种，其中比较共通的一点是，国民不满于科学界并未提及科学技术所伴随的风险，相关数据也不向大众公开。包括人文社会科学在内，市民对于大学或是研究机构的研究内容几乎无从获知，也无法对其研究意义进行评价，这一状况在东日本大地震和福岛核电站的核泄漏事故之后突显出来。当然，我们并非主张所有的学术成果都必须公开，例如社会学、历史学、医学、心理学等学科的研究因涉及研究对象的隐私信息而不能公开，单从这一点来看，要实现成果公开确实不太容易，笔者也不赞成一刀切地公开所有学术成果的观点。但是，现在的问题在于，支撑着学术研究的社会层面，目前还没有一个适合让学术成果共享的大环境。让任何人都可以通过互联网访问和使用相关学术成果的开放存取系统确实有其魅力。

但是，反过来讲，若是那些没有经过同行评审和验证的、可信度较低的速报或是笔记等资料直接放到互联网上公开，那么有可能会被未经过专业训练的人误解，甚至恣意利用。不仅如此，从完全没有整理的、杂乱无章的"信息之山"里找到有意义的资料，对公众来讲也不是一件易事。因此，仅仅是将学术成果放（reposit）至互联网上并不够，更重要的应该是赋予该"信息"以关联性和体系性，才真正有意义。

关于这一点，英国林肯大学的讲师、《人文开放图书馆》(*Open Library of Humanities*)杂志的创始人马丁·伊夫(Martin Eve)曾做过一个非常有意义的实践。他从事现代美国小说家托马斯·品钦(Thomas Pynchon)的研究，他从《人文开放图书馆》汇集的论文中挑选了与品钦相关的论文和资料进行编辑，发行了所谓的"利基期刊"(niche journal)(Eve, 2013)。托马斯·品钦的小说晦涩复杂，且多用现代科学用语和概念，其作品的独特性注定不是为所有大众所接受。但是，包括日本在内，世界上还是有很多品钦小说的忠实读者，对于他们来讲，"只要是与品钦有关的信息，无论是什么样的都想获得"（补充一句，品钦虽久鲜在公众场所露面，但还是相当有名，据说其照片仅能找到学生时代和军人时代的2张）。尽管伊夫称之为"利基期刊"，但是对于这群品钦的忠实读者来说,其重要程度丝毫不逊于那些权威巨刊(mega journal)。

伊夫将自己的这一实践称作"编辑的收集(将收集来的信息分类归整,令其拥有新的价值并分享于他人)功能"的体现,但是,笔者认为这实际上正是"学术书籍为谁而写作"的重要实践。具体内容将在本书第Ⅱ部分,尤其是第三章中展开讨论。在进入这一话题之前,首先,将就"学术书写什么"——如读者所想,这个疑问应该不仅限于学术书籍,而是贯穿于学术交流的全部——这一问题,在下一章中展开论述。

第二章

知识的越境与习得

——当今学术书的作用与重要条件

1 越境的知识——激活立志于新范式的研究
2 学习体系化的知识是否有必要——旨在学、识、技的习得
3 作为实利的教养——唯恐"读书人"
4 学术书有何可写——学术媒介的分类和重要条件
5 教科书、教材的未来

如上文所述,电子化、线上化使得从学术媒介的视角难以意识到"读者",同时,若将知识用"信息"的说法来取代,便令人感觉仿佛如有需要时就获取,非必要时也可放置一旁。学术书籍的电子化进程相对迟缓,但是并不代表其学术地位的缺失。实际上,每天都不乏将学术成果以著作的形式出版的需求,仅从刊行数量上来看,学术书的刊行量不降反增。如序章中所言,学术书的出版需求大有逐年增多的趋势。

当然,前文也有提及,这与研究(尤其是研究教育机构之间的)竞争状况不无关系,学术书的出版成为研究竞争的工具也是现实存在的问题,但是应当避免单纯"为了获取职位或是谋得研

究经费而出版著作"的做法。笔者收到的选题和稿件,一般有专题著作(独著)、论文集,或是译著、研究著作、教科书、通识读物等,内容多种多样。通过与作者的仔细沟通、认真审阅文稿会发现,其中绝大多数都具备发行出版的意义。特别值得一提的是,其中不乏年轻学者的著作,以及使用了多种方法论指导,从全新视角对问题进行探讨的对话类的、共同发表的论文集。本书将列举个别具体案例进行实践性分析,当然,序言中也有说明,本书中择选的案例均为笔者二人实际经手的出版事例。在这些案例之外,一定还有不少读者认为很"有意思"的书,其中或多或少也具有同样的特点。在这样比较的过程中阅读学术书,有助于有效地实现成果公开。

1 越境的知识——激活立志于新范式的研究

众所周知,年轻学者的著作日益增多,与研究生院重点化改革带来研究人士增多密切相关,而对话类的、共同发表的论文集的急增,也是基于文部科学省的 COE(研究据点形成)项目等制度,共同研究逐渐成为趋势。但这两种研究倾向时常被拿出来作为消极的反面教材,例如,"获得博士学位者大量失业""大型研究说到底就是不同专业领域的研究集结到一起,也产生不了什么新的成果"等。当然,这里说的确是实情,尤其是不少年轻的学者没有得到正式的教学或研究岗位,并且苦于生计,这确实是令人痛心的事情。但是,研究生院重点化改革吸引了更多的优秀人才,这些年轻学者带来了既有研究中未有的崭新的视角和方法,这也是事实。在这一点上,京都大学具有以下几点有趣的特点。

首先，可以自由使用多种语言的研究人士增多。此外，先前很多研究人士都是在京都大学读的本科，进而研究生同样在本校就读，而现在，不少学者的本科在京都大学之外的其他学校就读，或是本科毕业生在研究生阶段考入了其他学校（甚至长期在国外学习），这样一来，避免了在单一的研究传统中学习，因而很多人掌握了不同的研究视角和方法。在这样的背景下，认识论与方法论都打破了以前的固有框架，便可以更多地进行切实的、具有挑战性的讨论。譬如，如果可以在汉语、波斯语、阿拉伯语的文本间自由阅读，那么就可以比较分析相关的历史研究（中西，2013）；也可以将"认知场"这一心理学的概念带入法语、英语的定冠词用法这一从前的难解问题中，巧妙地加以说明（小田，2012）；再或者通过使用记述语言学记录绝海孤岛上遗留的危机语言，探讨其中特殊的音韵与社会结构之间的关联（内藤，2011）；等等。笔者将上述这类旨在使用新范式从事的研究简单称作"立志于新范式的研究"，顾名思义，是用新的方法论来打破原有的研究框架的尝试。

不仅是专著，不同领域的研究学者完成的共同成果中，需要加以关注的点有很多。所谓的跨学科研究，实际上就是超越既有学术模式的尝试。但是实际上，不少时候仅仅沦为不同学科（discipline）的大汇总。究其原因，主要是研究时采用了过多的研究方法，有时便会不自觉地将自己学术领域之外的部分理所当然地"丢"给他人，结果，最终形成的研究报告就有可能变成

"各自研究兴趣点"的大融合。反过来,倘若对于自己学术领域之外的部分也能努力参与,或是就不同的研究方法获得的结果进行交流,积极交换意见,以期得到一个融合不同研究见解的结果,这样的努力是一种"不同研究间的对话",会令之前的研究再上一个新的台阶。我们来举两三个例子看一下。例如,将文化人类学、生态人类学、灵长类学的最前沿知识进行对话性融合分析,从进化的视角去关注集团的形成及制度的确立这一人类社会的根本问题(河合,2009;2013)。再例如,传统古代文明研究是从文献学或考古学等人文科学领域进行研究,在此之上加入生态学、地球科学等自然科学的研究方法,更可以发现,以往多以"大河文化""二大首都"为研究重心的印度河文化,实际上可谓小城市的关系网(长田,2013)。

这样的研究成果,由于其跨学科领域的特点,在学术杂志等媒介上往往无法综合地、体系性地表现出来。第一章中介绍的《科学》曾发表一篇题为《电子出版和科学与学问的狭隘化》的论文,其末尾有这样一段说明:纸质的图书在文献检索方面会不太方便,但是在翻页的过程中,有时会邂逅意料之外的文献,并且前人的论文为新的学术拓展提供可能性。随着学术信息交流在线化的不断推进,尽管学术论争的效率变得更高、更为集中,但是仍然集中在较为狭隘的专业范围之内。

"立志于新范式的研究"似乎正在暗示我们,要改变传统范式,"书"是其中不可或缺的角色。

2 学习体系化的知识是否有必要——旨在学、识、技的习得

如上文所述，研究生院重点化改革为研究领域注入了新的活力，但不可否认，其中也存在一些问题。除博士毕业生的就业难问题之外，研究生的教育问题同样面临难题。如果本科毕业学校与继续攻读研究生的学校是同一高校，那么研究生阶段的教育可以在全体学生已接受相同的专业基础训练的前提下进行。但是，高等教育不同于初、高中教育，不同的大学（研究生院）有着不同的研究传统，从他校本科毕业的学生，如进入研究生院学习该校新的研究传统，则不少学生缺少必要的专业基础训练。例如，京都大学的化学研究具有与量子论等物理学的研究相融合的特点，不仅理学院的化学专业如此，工学院的工业化学专业也具有同样特点，福井谦一、野依良治等京都大学毕业的诺贝尔化学奖获得者所取得的成就，与这样的对微观物质世界的理解密切相关。但是，放眼日本的其他大学，在本科生阶段就教授量子化学的高校少之又少。其结果是，他们本科毕业后考入京都大学化学系研究生院，但是苦于无法理解研究内容。

化学领域在进入20世纪之后专业分化呈极度多样化趋势，因此上述事例确实属于比较极端的例子，但是，"除了狭义的专业知识之外都不学习"这样的倾向所带来的教育上的困难在各校的研究生院中较为广泛。这种"狭隘化"的问题，甚至不仅出现于本科与研究生的衔接阶段，在高中升大学，或是大学（研究生院）毕业走向社会这样的阶段都是普遍存在的。除了研究生

院重点化等制度改革之外，前章所提及的仅在需要的时候选取需要的"信息"的风潮已经席卷教育领域——无视"学习专业之外的专业"的重要性，即"教养"或"通识教育"的缺失，笔者认为，这些问题都是严重社会问题的要因。

必要的"信息"如若不能在当时立即掌握，那么，在高校教育中，如何来确保学、识、技的习得呢？关于这个问题，有一项有趣的心理学实验。美国的学生在学习时，已不再使用记事本来记录笔记，而是常使用笔记本电脑之类的电子设备，但是从学习内容的掌握度来看，后者明显低于前者（Mueller and Oppenheimer, 2014）。笔者认为，很多时候电子媒介在教育和研究方面确实有其优势，但是，在为获取知识而非"信息"时，"钢笔总比键盘强"。电子的媒介与工具，至少在现今时代，在人类学习掌握知识的过程中，还不能算是一个100%完美的工具。毫无疑问，在获取和掌握知识的道路上，使用传统纸质的"书"，具有其特殊意义。

综上所述，"立志于新范式的研究"中反复强调"书"的作用，在学术研究专业化、细分化的现今，教育领域要求体系化知识的习得，此时"书"同样发挥着重要的作用。

3 作为实利的教养——唯恐"读书人"

书（学术书）极为重要，这已不仅局限于研究教育这一狭小领域。教育学家斋藤孝先生在大学出版社协会举办的面向国民的学术研讨会（2013年7月）上提出，熟知古典已然成为全球化社会的一项武器。在国际性交涉时，对于古典的熟知，利于获得对方的信赖与尊敬。在面对从大学时就重视通识教育的欧美精英时,"教养的缺失"有时便会成为很大的弱点(斋藤,2013)。

当今社会逐渐无视"学习专业之外的专业"的重要性,这一点被反复提及,但是,这并不意味着所有的日本人都是如此。从经验来看,笔者可以自信地说,现代日本对于古希腊、古罗马的关注,对西方古典主义时代的哲学、历史记述、文学的关注度还是相当高的。

京都大学学术出版协会从 1997 年以来,一直坚持将古希腊、古罗马时代的哲学、文学、历史记述等大量作品从原著的古希腊语、拉丁语翻译成日文出版发行。《西方古典丛书》系列已经出版了超过 100 卷的作品,但是,在出版之初(或许现在也还有这样的声音),出版界就不乏"什么时候就停止出版了吧"之类的质疑,在他们看来,一卷的销售量最多 5000 册,少则千册或百册。但是,很有意思的是,这类图书的读者绝大多数都不是专业的古典研究人士,具体来讲,有上市企业的高管、退休老师、理科研究人士、音乐家、农家等,这些读者经常会寄送一些读者卡片到出版社。从这里或许能够对现代日本的认识状况窥见一二。

欧美的学术书籍,甚至是自然科学类的著作,经常有古典内容的引用。《科学》和《自然》这样的学术杂志,也经常会在其总说部分的文字中出现古典题材的引言。这大抵与欧美的通识教育传统密切相关吧。在日本也不乏对古典的热爱,例如初高中会专门辟出时间来学习东方古典,以及柏拉图、亚里士多德、阿基米德等人的名言与成就,但凡对古典有所关注的人,便会在生活的很多地方与之相遇。但是问题就在于,进入大学之后,这样的古典被归入哲学、历史、文学这些专门领域中，仅由个别专家进行研究。这一点上，笔者作为出版行业的一员也难辞其咎，出版担负的是将知识广泛传播的重任，然而，在实际操作时，关于古典的内容往往被归到"专业书籍"的门类。尽管古典作品有一定的关注度，但是市面上却缺少系统的、质量精良的翻译作品。对此，很多读者表示不满。

在学术成果和流通速度与日俱增的时代，或许到明天，今天的这些成果便被取代，在所谓"知识具有流动性"的时代，"什么才是正确的？"这样根本性的问题，要准确回答本就是不太容易的。但是这样的问题又不可回避，因此，人们理所当然地开始追问："书籍究竟应该是什么样的？"在西方古典世界中，经过2000年的战乱、灾害、宗教动荡等漫长的历史，仍然保存下来相当多的书籍，《西方古典丛书》便是其中之一，想必也是读者心目中所期盼的"书籍"。此外，从《西方古典丛书》中衍生出来的《西方古典学事典》(松原国师著)，尽管价格高昂，但还是吸引了众多读者，从互联网上的博客和公告栏中的评论可以发现，其中不乏类似于"我正在查找古代男色相关资料""我有收集古代英雄系谱图的嗜好"等评论，令人感到意外的是，对于奇妙主题感兴趣并想进一步了解的读者不在少数。"唯恐读书人"，说的大概正是笔者看到这类评论时最直接的感受了。事实上，不仅限于西方古典，"学术书籍"也是读者广为期待的一类图书。

这样的现实与第一章中所提及的学术研究的世界对于知识的关注日渐狭隘化的问题形成了鲜明对照，说得严重一点，学术世界与认知已经渐行渐远，从这一意义上来看，可以说现今的学术交流体系并不健全。

4 学术书有何可写——学术媒介的分类和重要条件

从"立志于新范式的研究"日益增多、高等教育的形式不断变化、社会对于知识的关注度提升这三个方面来看,在当今社会中,"学术书"发挥着重要的作用。在学术成果电子化、在线化的潮流中,"书"在学术媒介中的占比相对减少。那么,我们有必要思考一下:什么样的研究成果可以成"书"?学术书发挥其作用时有什么必要条件?

文中已数次提及,"书"作为学术媒介的一个最为重要的特征即越境性,因此,"立志于新范式的研究"其实最为适合,由于其读者横跨数个不同领域,其中部分研究内容必然面向"非专业人士"。为此,有必要对于其中有助于内容理解的基础性知识加以充分说明。不可否认,这将让图书在一定程度上篇幅加大。有人会说出版社似乎并不喜欢书做得太过厚,其实这是误区。诚然,没有必要一味地追求书的篇幅越大越好,但是关于研究的核心内容,以及有助于理解的相关解说,若能在书中适当增加,是可以为书籍加分的。反过来说,若是书仅仅是将核心部分简单地串联起来,那么这样的书即使有"越境"的可能性也无法成书。

为了能够实现跨学科的"越境",需要对其中的核心内容进行详尽的解说,这就需要对该领域进行系统化的、总括性的说明。在欧美国家,经常可以发现《生态学》(*Ecology*)、《重力》(*Gravitation*)等非常简单的以学科领域名为书名的总括性的概述书,这些书大多又厚又重(有时甚至超过 1000 页)。这样的书通常被视作"一生至宝",从本科生、研究生,直至一流的研究学者。在这些以各种形式与该学科领域相关联的研究人士看来,此类图书作为"自习书"是值得一生去学习参考的珍宝。遗憾的是,在日本,这种"重厚"的书一般为市场所弃,甚至不少出版人士认为"这种厚重且价格昂贵的书会无人问津",大概是出于这样的原因,日本市场上确实不太常见此类书籍。但是也有例外,M. 贝根(M. Begon)等写作的《生态学:个体、个体群、集群的科学》(*Ecology: Individuals, Populations and Communities*)被翻译出版时,采用 B5 开本,共计 1304 页的篇幅,售价 12000 日元,尽管如此,当年的销售超过 5000 本。当然,该书在学界原本风评就很好,并非所有此类书籍都能如此成功。但是,可以确定的是,这样体系化的、总括性的学术书籍有相当大的读者需求。

当然,也并不是一定要追求这种大篇幅的、厚重的形式。作为满足"想了解、想学习专业之外的知识"的需要的简单入门书,若是太过厚重,反而会让初学者和非专业人士敬而远之。日本的"新书""选书(精选图书)"这样的图书,长期承担了入门书的使命,其中有些系列正如牛津大学出版社出版的"牛津通识读本"(Very Short Introduction, VSI)一般在世界范围内深受好评。唯一不同的是,日本的"新书""选书"与 VSI 相比较,让人感觉实在太过"通俗易懂"。"简单""容易理解"这样的评价实际上在书籍写作时是非常危险的信号,这会让人感觉到"任何人都可读",从而在写作之初就对受众读者的定位模糊不清。我们可以看到不少质量上乘的电视节目,将相当专业的知识,通过视觉性表现向观众进行通俗易懂的讲述。对于大多研究人士都"简单""容易理解",其实就是指如这些电视讲解或是面向市民的公开讲座一样。需要注意的是,电视也好,公开讲座也好,一般来讲,都是听众单方面地接受,即使没有集中注意力去看,电视照样播放。但是,图书并非如此,阅读文字(尤其是买回来读的书),并非这种单方面的被动接受,而是必须让读者愿意开始读,并且愿意继续读下去。

因此,笔者在对一些稿件进行评价时,经常会建议作者多多关注"二环外""三环外"的读者,要在写作时注意让读者理解核心观点。后文也会展开论述。这里的"二环外""三环外"的说法,主要是就专业性较强的学术图书而言的,而对于入门书而言,就是需要让"对知识很有兴趣,却没有接受过系统的学术训练,具体来讲大约是大学一至二年级的大学生都能阅读"。此外,还需要注意书的结构与论述方式,并且使用准确的说明、生动的视觉效果等吸引读者的写作技巧也很重要。如此一来,学术图书就会既有学术专业性,同时又比一般的"新书""选书"读起来更有"嚼劲",即书中的专业性较强,初学者要一下子完全理解有些困难,但是在大致理解其内容的同时,感受到学术难度,这样的图书往往更容易被读者接受。

总而言之,如果是狭义的专业图书,那么最好是"立志于新范式的研究";如果是概述书,最好是大型的、系统性的;如果是入门书,那么最好是有一定"嚼劲"的,略微困难并具有一定挑战性的内容更为适合。此外,最重要的是,研究书的读者并非仅是狭义上与作者相同领域的研究者(或者关注内容相同的同道中人），而应该是"二环外"的读者，因此应当依照书籍的写作目的和内容，适当地扩大"读者"的范围，并进行与此相应的写作。但是，应该如何来操作呢？具体方法，将在第二部分展开论述。

5 教科书、教材的未来

讨论到这里，或许有的读者会有疑问，为什么笔者一直没有提及教科书。实际上，大学和研究生院的教科书的确属于学术图书的门类，恐怕还占据了现今学术图书整体销量的绝大部分。但是，笔者认为，这种狭义上的教科书，即与大学或是研究生院的课程密切相关的教科书，以"纸质书"的形式出版并非长久之计。

理由之一是学术研究的速度问题。众所周知，对于同一对象的研究方法以及从中获得的知识，正在以史无前例的速度发展着，或许就在明天，今天所提出来的一系列见解就会被取代，这一倾向在各大学科领域都日渐突显出来。自然科学领域的观测与分析方法，随着技术的进步而日益精准缜密，人文科学、社会科学领域，正如前文介绍的古代文明研究，在计算机和互联网的加持之下，导入自然科学的方法获取新的知识，这样的背景之下，传统的用纸张将固定的理论与方法印刷成书向学生介绍的教育方式，似乎已经与时代不符了。事实上，目前，大学教师更倾向于依照课程目标和学生的训练水平，自备教材。因此，"教科书卖不出去"开始成为学术出版人的共同烦恼。

如此看来，教科书的完全电子化，或是纸质书与电子数据组合的新形式或许更适合作为教科书和教材，这一点不是本书中论及的内容,因此,笔者未将教科书归入今日必需的书籍之列。但是,如前文所述,宏观意义上的教科书有其存在价值,例如,随着学问的前沿化、细分化的推进,总括性的概述书对于高等教育而言,其必要性日益显著。笔者将这类书籍称为"自习书",以示与狭义的教科书的区别。在课堂等直接教育指导之外,这些"自习书"为本科生和研究生掌握体系化的知识提供了帮助,其作为学术书籍的作用值得期待。

Ⅱ 写作

——让写作富有魅力的学术书执笔技法

第三章

计划与编写

——读者、主题与论述策略

> 1 从读者角度来决定主题——主题是不言而喻的吗?
> 2 编排时的注意点1——起始章节与研究史的处理
>   在起首的10页中提示"广域性""现代性"的意义
>   如何处理研究史?
> 3 编排时的注意点2——章与章的统合、序章的写法
>   关键词的设定
>   何时写作序章
>   索引是关键词的汇集

1 从读者角度来决定主题——主题是不言而喻的吗?

看到这个标题,或许有人会感到非常惊讶,无论是学术期刊投稿还是写书,理所应当先决定主题,即决定好写什么内容。但是,"写什么内容"即研究对象、目的和方法,与"主张什么"还是有很大区别的。下文将以人类学为例,略做论述。为什么会选择以"人类学"为例,理由很快便知。

字典将人类学定义为"综合实证地明确人类的多样性和普遍性的学科"。定义明确地显示出人类学的对象非常广,所以研

究者一般认为人类学没有领域固有的方法论。以什么为对象，研究什么，研究者的专攻各有不同，因此人类学的研究容易细化。简单将人类概括为在哪里怎么样（甚至是什么时候）生活着（过）的人们的话，可以说对象有无数个。把场所局限在现代非洲的话，对象有狩猎采集民、游牧民、农耕民。即使限定在狩猎采集民，有在湿润森林中生活的人们（以俾格米人为代表），还有在干燥的热带稀树草原生活的人们（以布须曼人为代表）。简单介绍布须曼人的生活，也有各种各样的内容。例如以男人们的狩猎和女人们的采集为对象，说到狩猎的话，则可关注狩猎道具或他们拥有的关于动物的知识。研究的关注点涉及许多方面，因为人类学是实证的学科。

例如，现在有这样的论文标题《从卡拉哈里狩猎采集民的狩猎活动看动物（哺乳类）的民俗分类的语言学考察》。"人类的多样性和普遍性"即"我们人类是什么样的"这个庞大的研究方向在研究中被非常细化。但是心存恶意的其他领域的研究者，特别是在研究经费预算分配方面对立的人们会说："特意到非洲去进行的调查有什么意义呢？"

甚至怀疑同行即其他人类学研究者对此是否有兴趣，研究"Orang Asli"（马来半岛的原住民）的研究者是否会读这篇论文。听到关于出版企划的内容，笔者应当首先考虑："这篇论文印刷装订成册后什么人会读呢？"假如真有前面标题一样的书，能有多少读者呢？编辑会希望"至少到800到1000人有兴趣阅读就好了"。

笔者认为即使是学术书，考虑到图书的商业性质，首印数也至少要达到1000册。800册到1000册是学术书籍出版数的最低标准,同时也是协会会员数的标准。另外,日本文化人类学会的会员数达2000人以上,一个领域的研究者粗略估计大约有1000人,大多能达到2000人。自然科学学科的大学会(日本物理学会和日本化学学会等)的会员数是人文学会的十倍以上,个别领域大概也能达到这个数字。也就是说,学术书要超过自身的狭窄领域,以本专业外的更多研究者为对象。重新回到前一章论题"为什么要写书"上。前文所说布须曼人的动物分类,对于狩猎采集民来说,狩猎成功必须拥有与动物相关的知识。但是不只是在狩猎成功或不成功这个功利性的层面。通过动物(吃、躲避等)资源利用课题,从布须曼人关于动物的语言中可以看出看他们认识世界的世界观。将从技术与知识、"人-动物"的关系看人类的精神世界这个着眼点扩大的话,其他民族的研究者也会感兴趣。虽然主要内容是布须曼人的动物分类,但以《狩猎民的知识与技术——布须曼人的动物观》为标题的印象就大不相同了,读者范围也会扩大。当然不只是标题的问题,作为人类学共同感兴趣的方向,记述的内容也必须扩充,关于这一点会在下面阐述。

还有这样一个人类学的真实案例,在广告界工作且并不是研究者的读者在博客介绍了笔者两人帮忙的论文集(可惜的是写作本书时博客好像已经被删除了)。如此,论文也会吸引意想不到的人们的关注。反过来说,论文中可能隐藏着作者自己也注意不到的巨大可能性,反而读者会使这种可能性发展起来。

掌握根据读者变换主题的方法后,我们来看一个具体的例

表 3-1　博士论文（左页）与出版书籍的构成（右页）比较

博士论文《战时都市防空中的建筑疏散——以京都事例为中心》（川口，2011）的目录

前言

第 1 章　京都市内的防空
　1　防空法第一期（1937 年 4 月—1941 年 11 月）
　　1-1　防空计划的设定
　　1-2　防空设备·材料的配备
　　1-3　国际情势的变化和防空计划的应对
　2　防空法第二期（1941 年 11 月—1943 年 10 月）
　　1-1　防空法修订产生的防空计划变化
　　1-2　因物资不足防空计划与现实的背离
　3　防空法第三期（1943 年 10 月—1945 年 8 月）
　　1-1　防空材料的匮乏和防空的强化
　　1-2　战败前的市内防空

第 2 章　防空法的修订和建筑疏散的执行
　1　防空计划和空袭的经过
　　1-1　内务行政的民防空
　　1-2　全国的空袭经过
　2　建筑疏散的法律制度
　　2-1　建筑疏散和空地
　　2-2　防空法第二次修订
　　2-3　都市计划决定·事业决定的差异
　3　帝都东京的建筑疏散
　　3-1　东京建筑疏散的执行机关
　　3-2　建筑疏散的变化
　4　建筑疏散的实施促进要素

第 3 章　京都的建筑疏散
　1　京都建筑疏散执行机关
　2　大都市空袭以前的建筑疏散
　　2-1　第一次建筑疏散
　　2-2　军需工厂的转移
　　2-3　第二次建筑疏散和京都市内消防
　　2-4　指定为消防道路的地区

第 4 章　经历建筑疏散的居民
　1　拆除与转移的实际情况

续表

已出版的《建筑疏散和都市防空——"非战灾都市"京都的战时·战后》(川口,2014)的目录

序章——建筑疏散(强制疏散)和近现代史研究
 1 我国的民事防空和建筑疏散
 2 战争体验的记录·历史化中被忽视的建筑疏散
 3 建筑疏散研究的本质意义和学科研究的必要性
 4 研究京都建筑疏散的意义
 5 本书的目的和意义

第1部 民事防空和建筑疏散

第1章 近代战争航空器的发展和民事航空
 1 世界民事防空历史和概念
  1-1 欧洲的民事防空
  1-2 德国·意大利的民事防空
  1-3 建筑物的防空
 2 日本的民事防空
  2-1 亚洲·太平洋战争下的日本城市空袭
  2-2 民事防空的发展和防空法
  2-3 防空法的修订和防空计划
 专栏1 日本大都市的人口集中率和地形特征

第2章 京都的民事防空
 1 近畿防空演习(1934年)的实际情况
 2 防空计划的制订——防空法第1期(1937年4月—1941年11月)
  2-1 监视·通信
  2-2 消防
  2-3 防空训练
  2-4 木制房屋的防火改建
 3 国际形势的变化和防空计划的应对
  3-1 京都府的防空计划
  3-2 京都市的防空计划
 4 防火·消防的重视和现实——防空法第2期(1941年11月—1943年10月)
  4-1 防空的预算措施
  4-2 物资不足导致的防空计划和现实的背离
 5 民事防空导入"疏散"和空袭的现实化——防空法第3期(1943年10月—1945年8月)
  5-1 躲避
  5-2 防空材料的缺乏和防空的强化

续表

博士论文《战时都市防空中的建筑疏散——以京都事例为中心》(川口,2011)的目录

 1-1 五条通的拆除进展状况
 1-2 五条坂居民的记忆(听取调查)
 1-3 御池通的老字号旅馆的建筑疏散
 1-4 御池通·崛川通的居民迁移
2 疏散者的补偿
 2-1 补偿制度和组织
 2-2 实际的支付方法和接受金额
 2-3 居民对建筑疏散的评价

第5章 建筑疏散的战后处理
1 京都建筑疏散的战后情况
 1-1 疏散旧址的都市计划
 1-2 拖延的善后处理
2 对疏散者的战后法制保障
 2-1 受灾城市借地借家临时处理法的修订和争议点
 2-2 战后补偿特别处置法的修订和争议点
 2-3 对建筑疏散的诉讼和国家的规定概念
3 从现代都市看建筑疏散的后遗症——3地域的事例

续表

已出版的《建筑疏散和都市防空——"非战灾都市"京都的战时·战后》(川口,2014)的目录

 5-3 燃料不足
 5-4 防火改建
 5-5 京都空袭和市民的防空意识
 5-6 战败前的市内防空

第3章 建筑疏散和民事防空
 1 作为内务行政的民事防空
 2 建筑疏散的法律制度
  2-1 建筑物的疏散和空地
  2-2 防空法的第2次修订和建筑疏散
  2-3 建筑疏散工作落实过程
 3 帝都东京的建筑疏散
  3-1 东京建筑疏散执行机关
  3-2 建筑疏散的变化
  3-3 电影《破坏消防》
  3-4 建筑疏散和军队

第2部 建筑疏散和京都

第4章 京都的建筑疏散实施
 1 京都的建筑疏散执行机关
 2 大都市空袭以前的建筑疏散
  2-1 第一次建筑疏散
  2-2 军需工厂的转移
  2-3 第二次建筑疏散和京都市内消防
 3 大都市空袭以后的建筑疏散
  3-1 第三次建筑疏散
  3-2 第三次建筑疏散选定地区的特征
  3-3 第四次建筑疏散和疏散旧址

第5章 经历建筑疏散的居民
 1 拆除转移的实际情况
  1-1 五条坂的拆除
  1-2 五条坂居民的记忆
  1-3 御池通老字号旅馆的建筑疏散
  1-4 转移时的状况和特征
 2 疏散者的补偿

续　表

已出版的《建筑疏散和都市防空——"非战灾都市"京都的战时·战后》(川口，2014)的目录

　　2-1　补偿制度和组织
　　2-2　实际支付方法和接受金额
　　2-3　居民对建筑疏散的评价
专栏2　两侧町
专栏3　学区

第6章　建筑疏散的战后处理——对都市空间·都市意识的影响
　1　京都建筑疏散的战后情况
　　1-1　疏散旧址的都市计划决定
　　1-2　拖延的善后处理
　2　战后对疏散者的法律补偿
　　2-1　受灾城市借地借家临时处理法的修订和争议点
　　2-2　战后补偿特别处置法的修订和争议点
　　2-3　对建筑疏散的诉讼和国家的规定概念
　3　从现代都市看建筑疏散的后遗症——三个地域的事例
　　3-1　陶器街区的剧变——五条坂地区
　　3-2　传统市区和社区的分割——下京区醒泉学区
　　3-3　市内最繁华商业街的衰退——寺町通
　4　建筑疏散遗留至今的物质·空间·精神影响
讨论京都的战时·战后的另一个意义——代替总结

　　子。表3-1是关于亚洲太平洋战争结束前全国城市实行的"建筑强制疏散"(防止空袭造成的火势蔓延，事先对城市建筑进行破坏拆除的城市防空对策)的博士论文(川口，2011，表左)与成书出版的目录(川口，2014，表右)对比。

　　首先注意到的是，书由两大部分组成，书的第1部第1章是博士论文目录没有的章节。博士论文的第1章和第2章的内容中心点没有改变，使用新的标题后被重新整合为书的第2章和第3章，第2章和第3章与新加的第1章共同构成书的第1部分。另外书的开头将建筑疏散(强制疏散)在近现代史研究中的定位作为序章部分。

先稍微解说一下，建筑疏散（强制疏散）不仅对当时国民生活有重大影响，而且日本近现代史研究专家几乎都忽视了这个现象，导致研究无法取得进展。另一方面，市民的战争、战灾记录运动中屡屡提起建筑疏散，发行了几本记录的证言集。另外，建筑疏散对战后日本的城市规划影响巨大，有很多研究者对建筑史、城市规划史领域感兴趣。建筑疏散展现出狭义历史学的关注点与社会或者历史学领域以外关注点的背离现象。实际上，作者川口朋子出身于建筑史、都市史的研究室。为什么建筑疏散在日本史研究中被忽视呢？阅读这本书的序章后可以看出，川口朋子在将博士论文作为书出版时最重视的是填补这种"关注点的背离"。

极端地来说，博士论文是为了数位评审的主审、副审教员而写。既然评审教员们是拥有共同问题意识的建筑史、城市规划史学家，就没有必要在近现代史部分强调"研究建筑疏散的意义"了。但是成书时最想收获的读者是想要关注这个重要历史现象的日本史研究者，所以必须在历史学传统关注点的战时国民动员或者战争史这个更大的关注点中给建筑疏散定位。首先，在以飞行器攻击为主流的近现代战争中为什么防空成为重要因素（专门将军事防空与民事防空区别开），然后阐述民事防空中建筑疏散占什么位置，特别是必须向读者展示出战局恶化时易燃木制建筑密集的日本必须清除建筑本体是"防空"的要点，这些是书的第1部的主题。所以，加入了世界史中防空概念的解说作为第1章，然后对博士论文的第1、2章中的内容——到建筑疏散为止的制度、法律制度在防空史中的定位——有所

第三章 计划与编写 59

呈现，这三部分构成的"部"作为这本书的第1部。

此外，关于作为博士论文核心的房屋疏散（强调疏散）的实际情况，作为第二部分，在尽可能实证地显示对市民生活的影响的同时，通过总结并强调其与战后城市规划的联系，主张它对战后的城市空间和社会产生了深远的影响，并且认为其影响至今依然隐约可见。这不仅契合建筑史、城市规划史一直以来关注的主题，也回应了市民的关注，甚至还与地方政治、地方行政的历史研究相衔接。如此，可以从这两个目录的比较中领会以"房屋疏散的实证研究"为目的的博士论文，成为对近现代史研究提出重大问题的书。

2 编排时的注意点1——起始章节与研究史的处理

从上一节的事例就能明白，根据对读者的不同设想，强调点（主题或信息）也会发生变化。那么，即使是所谓的"领域固有的专著"，只要作者意识到读者是自己研究领域的"二环乃至三环外"的人，也会明显提高书的可读性。进一步分析来看，"二环乃至三环外"的人是指虽然对书（论文）的主题感兴趣，但缺乏理解它的专门训练的人，或者缺乏关于对象的基本信息的人。更具体地说，在有意识地向与自己的专业领域有些差距，但对自己的工作感兴趣的研究者，或者是希望对自己的工作产生兴趣的学生、研究生等人讲述自己的工作趣事时，记述的方法自不必说，就连书的编排方式也有所不同。

2-1 在起首的 10 页中提示"广域性""现代性"的意义

再看一下表 3-1 右边《房屋疏散和城市防空》的目录。这本书的序章扩展了博士论文中"前言"的部分,其中设置了五个章节,都是从不同的角度、层次对该书中所涉及的研究及其对象的意义进行阐述。虽然这些序章(序言)在本书中被称为"宣言性序言",但是,学术书籍最重要的要素是根据设想的读者的兴趣点,仔细地表示作者为何要研究及讨论××。

顺便说一句,这些"宣言性序言"需要适量。在出版界,从很久以前就有"开篇 10 行、10 页"这个说法,开头的 10 行、10 页对于吸引读者的兴趣是很重要的,学术书也是如此。想让"二环乃至三环外"的人们成为读者,开头如果太短,就不能充分说明它的意义,相反,如果太长,就会让读者感到厌倦。在《房屋疏散和城市防空》这本书中,这样的宣言性序章有 11 页,可以说是正好的长度。

2-2 如何处理研究史?

但是,关于起始章节,令人感到遗憾的是,许多论文在序章(或第一章)的部分,冗长地介绍了研究史,并通过强调其中一项研究来展示"本书的意义"。

如果是博士论文的话,因为是证明自己学习过的内容的论文,所以必须认真地展示自己是在研究史的基础上进行讨论的。但是,作为书出版的时候,"二环乃至三环外"的读者对特定学术领域的研究史并不感兴趣。因此,在保证学术可信度的同时,为了吸引读者的关注,就需要下功夫思考如何处理对研究史的记述。笔者认为其要点有以下三点：

1. 为了有说服性，明确地展示自己研究的"卖点"（视点和方法论的特征、意义），要突出描述与前人研究的不同。

2. 为了展示研究的大框架，要在必要的范围内介绍大理论（广泛适用的一般理论）。

3. 对于领域独特的细致的研究史，想方设法让读者能够读懂。

让我们举一个具体的例子：

> 这本书以近年来国内外人类学中广义物质文化研究的（再）活化为背景，追踪了相关的趋势与轨迹。不过需要说明以免产生误解，这本书未必是传统意义上的"物质文化研究"的书。阅读这本书的各篇论文和随笔就可以知道，本书的视点和内容远远超出作为人类学的下位领域预先设定界限的"物质文化研究"的框架。我们在这本书中的目标是，取"物质文化研究"的人类学的现有的下位小区域的阈，甚至超出边界，向整体的人类学提出描绘"物"和人的相互关系的各方面的新的视点与方法。（床吕、河合，2011：第2—3页）。

这段文字出自脱离以往以人为中心论述的"人与物的关系"，转而以"以物为主人公的"人类学研究为目的的论文集《物的人类学》中的一篇，它直截了当地宣示了超越传统的"物质文化研究",展现了自己研究特征的意图。在此基础上,这篇文章之后介绍了物质文化研究的历史和存在的问题,然后梳理出了作为该论文集的特征的一系列理论问题。当然,在本文中,马林诺夫斯基等经典研究者,以及最近的论者,如杰尔和阿巴杜莱,还有像柏格森和莫里斯·梅洛-庞蒂这样的思想家,对于他们的研究史的详细叙述以最低限度呈现,而注释则记述了需要参照的事情,最初将物质文化研究设定为所谓的"假想敌"。这样一来,就可以直截了当地描述那个假想敌有什么问题,为了克服这个问题,需要什么样的理论和方法论的框架。如果有读者想要详细学习物质文化研究的研究史,只要把注释和参考文献作为线索就可以了,这样就可以构成有说服性的序章了。

3 编排时的注意点 2——章与章的统合、序章的写法

3-1 关键词的设定

当然,也有人设定"假想敌"这一非形式的战略,在作者的专业领域之外提出出乎意料的理论框架和方法论,并以此为依据,成功地进行了划时代的讨论。也就是说,在准备意想不到的援军战略方面,也有相应的研究史的记述方法,但是,不管是假想敌的设定战略还是遥远的援军的设定战略,它们的共同之处在于都提出了果断的论点。大胆地将整本书的讨论方向放在更高的位置上,(有可能)超越迄今为止的研究史和通论,或者,(可以)说明迄今为止不清楚的地方,从字面上讲,"以范例为导向"的讨论,可以说是成功书籍的共通之处。

在这一点上,用关键词表示自己的"卖点"也是有效的方法。

在先前的论文集(《物的人类学》)中,经常出现"物"的虚幻、恶化、消减等词语。这些关键词都极大动摇了承认"物"具有稳固的实体和固有的物质性的现有"物质文化研究"的基础(丹羽,2011),而被认为象征这个"虚无之物"、由中国农村女性制作的剪纸,也被贴在该书的封面上(图3-1)。

图3-1 《物的人类学》的封面
贴着象征"虚无之物"的剪纸

像这样设定贯穿整本书的关键词,书的目标就会变得明确,编排也会变得容易。在单著的情况下,也许还能稍做忽视,但在多个作者合著的情况下,每一章中讨论的内容,书中已经讨论过的内容,或者这些和今后讨论的事情有怎样的关系,通常是不明确的。即使这一章的内容本身很有趣,如果不知道这本书的整体目标和信息之间的关系,读者也会感到不满。在外国的学术出版编辑之间,"inter-chapter integration"(章节与章节的一体性)被认为是成书的最重要的要素之一,明确地展示每一个记述部分之间的有机联系对于写一本具有可读性的书来说是非常重要的。(顺便说一句,另一个要素是"structural editing",也就是结构性编辑,即把整本书按照这本书的目的和风格进行编排)。在这一点上,在序章中设定贯穿整本书的关键词,例如,在每一章的开头和结尾处,有意识地使用一次这样的关键词和主要信息,自然而然地,就能明确个别论文(章节)在整本书中的贡献方式。

3-2 何时写作序章?

话说回来,在写论文集的时候(也有可能是单著的情况),经常能看到"先完成各篇论文再写序章"的风格。虽然存在各种各样的原因,但在这样的推进方式下,要实现战略性的编排和章节与章节的一体化是相当困难的。不如索性从一开始就让每一位作者思考"自己在这本书中扮演着怎样的角色,应该写些什么"。为此,首先写下序章的要点是很重要的。将这些内容展示给全体执笔者后,大家就能确认这本书的主要内容,并意识到其在这本书中所起的作用。在此基础上,全体人员一起阅读完成的草稿,重新确认职责分工,包括调整记述的重复部分,然后进行改稿。最后写下序章和终章作为定稿,这样的流程将是最理想的流程(图3-2)。另外,在每一章中,至少要参考、引用、援引书中的其他章节1次,最好是3次左右,这样的话,章节与章节的一体性就会非常明确。

全体人员确认序章的要点（主要信息）
⬇
意识到这一点的各篇论文的写作
⬇
对照阅读和调整"职责分工"（包括调整重复）
⬇
各抒己见（改稿）
⬇
最后的序章、终章的写作

图 3-2　像这样改变论文集的写作流程

3-3　索引是关键词的汇集

与前述的"关键词"的设定相关，如何制作索引，也是提高整本书的一体性、编纂便于读者使用的书的要素。有时会发现在一本 300 页左右的薄薄的研究书中，索引却占据了近 20 页。虽然书中出现的所有主要专有名词都被罗列出来了，但读者是否能方便使用还是个疑问。那么索引上应该登载什么呢？关于这一点，本书将在第 6 章详细阐述。

综上所述，本章从读者的设想开始，对整本书的策划、编排的要素进行了思考。但是，无须赘言，即使概念正确，如果表达方式有问题，也无法让读者乐于阅读。在下一章中，本书将从更实际的角度来思考在写一本书（论文）时需要注意的事项。

第四章

注意表述及标题以提高文本可读性

1 "重复"会把可读性降至最低
  注意章节的起首部分
  独立作者著述中经常出现的"矛盾性重复"
  单纯以"总结"形式存在的"归纳"和"篇章概括"会起反作用
  必要性重复的处理方法
2 避开"过分谨慎的表述"
3 如何处理专业领域内的、规范化的记述
  调查与实验中"方法"或"程序"等的表示方法
  计量性研究中分析方法的提出
4 如何展示专业的概念、用语以及数值
  意外的盲点
  数值数据的提出、图表的用法
5 在目录上下功夫
  所有书的目录都相同？——"规范论文标题"中存在的问题
  单调标题的形成原因——"系列罗列形标题""固定重复形标题"
  怎样拟出合适的标题？

市面上关于论文写作技巧和创作手法的书有很多，大多都具有一定指导价值。但是，其中鲜有完整的、体系化的指导，同时，有的书由于侧重专业领域的内容，因此对于各领域间共通的写作技巧等内容关注过少。笔者认为，如果在写作技巧和要领等细节上用足心思，可以提升文章的可读性。本章将面向不同学科领域的读者，将关注点落在论文写作中的要领、秘诀等细微之处。

1 "重复"会把可读性降至最低

在写作长达数百页的书时，值得注意的第一条就是"重复记述"。有的时候，为了与读者达成共识，有必要适当重复先前所写的内容，这当然无可厚非，而且有时甚至能达到绝佳的效果。但是，许多稿件中频繁出现的并非强调论点而进行的自觉的、有意识的重复，而仅仅是一种单纯的、机械性的重复。这是非常忌讳的。

1-1 注意章节的起首部分

笔者发现，各章的起首部分经常反复提及讨论对象、背景、基本概念和方法，尤其是多位作者合著的论文集，每位拿到论题的执笔者都想要在自己的论述中充分说明论题，在某种程度上，这是理所当然的。但是，从论文集整体的论述框架来看，问题却恰恰产生于此。例如，《思考新自由主义如何席卷全世界》这本书，如果在这本书的各章起首部分都用"所谓新自由主义，即……"这种表达形式来阐述"新自由主义"的诞生和普遍性发展过程，即每章起首部分都重复论述新自由主义的定义和历史,就会使人感到严重的重复感。从本书前一章谈到的"书的整体性"这一观点来看,这种重复感会让读者误认为书中的文章没有整合为一体,而是简单的拼凑,难以阅读。这种情形在分工执笔的论文集中尤为多见。尤其将独立作者发表在杂志或学报上的论文编纂成书时务必注意。执笔人根据论文发表的时间、主题或者登载媒介(专业杂志、普通杂志、学报等能公开发表的媒体)的不同,关注点和书写方式也有所不同。因此,不注意的话,往往会感到"重复"所带来的难以名状的别扭感。

1-2　独立作者著述中经常出现的"矛盾性重复"

笔者认为"矛盾性重复"经常出现在人文、社会科学的论著中。例如,历史学的论著随着史料分析的不断深入,对时代、社会等研究对象的认识也在不断加深。但是,随着史料研究的深入,作者的认知往往也在不断提升,在十年前和现在所写的论文中,作者自身对相同事件的评价也不尽相同。倘若不顾这种认知上的微妙变化,把已发表论文直接结集出版的话,会令读者质疑"同一概念多次出现,但是为什么每次对其定义和评价都会有微妙差异"。这种否定性的质疑,往往导致论述本身特有的缜密性消失殆尽。反复多次提及相同内容也会给阅读带来不良感受,这种微妙的所谓"矛盾性重复"会苛求读者的阅读注意力,也会给心存恶意的人提供非难的把柄。

当然,这种情况也多出现于论文集中。同一概念由多位研究者提出,其定义可能会因人而略有差异,在概念的内涵上也会有微妙的不同。因此，即便都是针对"视觉空间短时记忆"（visuospatial sketchpad，现代认知心理学与脑科学核心研究对象——短期记忆相关的重要构成要素之一）这一概念，由于作者的理解和论述的语境不同，其含义也会出现微妙差别。而且，这种含义的不同也反映在同一本论文集中各篇论文的表达和翻译上。

此时，如果作者能够适当地对有微妙差别的含义加以说明，想必读者会更加感到此中的深邃而大有裨益。倘若对这种差别置之不理，就会引起前述问题。适当的说明利于更加严谨地传授学问，因此，有必要在阐释"差异"上下功夫，而不是单纯地多次"重复"。

1-3 单纯以"总结"形式存在的"归纳"和"篇章概括"会起反作用

除了"矛盾性重复"的问题常常出现在论著中之外，还有一个问题也很常见，即在一章或一节的末尾归纳论述的内容，作为章节总结。这种做法原本是为了促进读者的理解，但是，有时反而会因此带来相反的作用。这种情况常见于送交专家评阅的学位论文。究其原因，也许是因为评阅者觉得通读全文太过麻烦，作者写一个概括性的总结更为适宜吧。但是，如果在未满10页的文章末尾，硬生生地加上2页的归纳总结，那么会令读者感到相当严重的重复感。正如前文所述，越是谨慎的读者越是在意这种重复，因此章节末尾加过度概括和总结的论文写法应予以避免。

当然，篇章概括也并非毫无意义。篇章概括不是单纯的总结,而是要从另一个角度梳理本章论述中的若干问题,或者关联到下一章所要论述的主题和问题意识。换一种说法,正因为全书的章节之间建立了密切联系,章节之间的过渡变得更为顺畅,论述也变得更具有说服力。具体细节,后文会展开详细论述。但是有一点必须要注意,那就是如何来设置标题。一般来说,很多人喜欢使用"总结""结语""小结""本章概括"等标题,这些标题都会给人单纯总结的印象,从标题中看不出本章节的内容。可以尝试在类似"本章概括"的表达上再加一个副标题,以更为明确地显示出本章内容。

1-4 必要性重复的处理方法

尽管论文写作时应尽量避免重复,但也并不意味着在论述时完全不能出现重复。国外学术出版社的编辑经常指出"日本人的论述特点是呈螺旋状的"。对于习惯了英语话语体系的读者来说,往往很难接受日本人的这种螺旋状逻辑结构。日本人的学术成果在翻译成英文出版时,这一问题也被频频指出。的确如此,日本人的论述一般是在对于同一观点的反复说明的基础上进入更高层次的论述,这种论述模式很适合日本人的阅读习惯。

那么,此时应当关注到的是作者该如何准确地向读者传达:"如前所述""正如前文多次所述""关于这一点,有必要再重复一下"等形式的"重复",实际上是作者有意而为之。

此外,多人分工写作的论文集,由于作者不同,对相同事件论述的角度也有所不同。有的时候,即使是不同章节讨论不同的话题，也经常会出现章节间共通的内容。为避免各部分写作的负责人在章节的起首部分进行类似的重复，最关键的是要在作者之间进行具体的分工以避免重复。但是，即便如此，也有可能无法完全消除重复的情况。这时，最好加入补充说明，即"在本书第×章，如××所述"，这样一来读者就不会在意重复，反而能够感受到全书的整体性。

总之，重复有利于作者与读者站在同一层面上感受书中的内容，但是，当重复达到一定的量之后便要适可而止。倘若非要进行必要的重复，那么最好添加补充说明。

2 避开"过分谨慎的表述"

和重复相同，另一大可能降低可读性的要因是"我觉得……""我推测……""我认为……"等表达的过多使用。虽然能够理解作者试图突出论述的严谨性这一意图，但是倘若在文章末尾多次使用这种表达，便会让读者感觉在一个小的范围之内（一段或者一节）出现频率过高，这和文章的节奏问题一样，都是读者非常关注的。

这种过分谨慎的表达常见于学位论文之类的送交评阅的写作之中。当然在学位评审时需要这种谨慎的态度。但是，将学位论文作为学术专著出版时，读者不是学位评审委员，他们更期待看到作者果断大胆的论述。因此，这种战战兢兢、毫无自信的表达往往会削弱著作本身的影响力和冲击力。最好使用"是……""就是……"做断言，必要时尽量采用"可以说……""可以这样说吧……"等表达，"难道不能说……吗"之类的反问形式也很有效。

再往下展开的话,或许就要超越单纯介绍"写作学术书籍的技巧"的范畴了。但是,若是要将学术专著的受众扩大到本学科之外,那么,书中必须要有些能够让专业外的读者在阅读之后感到震撼的内容,若是研究不能做到这般程度,那也就没有作为专著出版的必要了。此外,虽然立意远大但缺乏充分依据的论点也不应成为著作内容,但如果能通过明确的证据和有力的逻辑进行论证,让人信服,那么读者会希望作者能够明确表达自己的观点。无法提供充分证据(例如引用原始文献)的情况,或者由于问题本身的复杂性而无法得出确定结论,又或者作者虽然有一定见解但还处于假设阶段的情况,应另当别论。除此之外,作者应尽可能自信地陈述自己的观点。同时,这一点也与第三章中提到的研究史的处理方式相关。为了有力地表达观点,适当地追溯研究史可以增强论证的说服力。然而,如果追溯过度(尤其在年轻研究者的论文中),反而显得是在向老师证明"自己确实做了足够的功课"。

3 如何处理专业领域内的、规范化的记述

3-1 调查与实验中"方法"或"程序"等的表示方法

比如在心理学的研究中,运用到心理量表的分析或者实验性的研究,并将其作为博士论文向杂志或期刊投稿的时候,一般来说要像下述这样,将与调查和实验的程序、分析的方法等有关的项目详细列出展示。

方法：针对具有××特征的男女××人，平均年龄××（标准差××）……

　　程序：将基于××的心理量表制成的题为《××》的调查问卷以××的形式分发并……

　　结果：得到了有效回答××，用××检验方法对其进行分析得到如下结果：……

　　考察：根据上述的结果……

除了心理学以外，在其他进行调查分析和实验性研究的科研领域中，也有很多将类似的记述格式规范化的要求。正因为成了一种规定，本领域的学者自然不会认为这种记述格式有什么不妥。但不从事相关研究的读者不免会觉得这样的论文难以阅读。尝试将上述形式中的小标题删去，合并成一段，这样的操作不仅不会影响内容的呈现，还能使文章更加通顺易读。比如下文：

　　针对平均年龄××(标准差××)的男女共××人……将基于××的心理量表制成的题为《××》的调查问卷以××的形式分发。……结果得到了××的有效回答。分析此答案群(以××检验方法)……

3-2　计量性研究中分析方法的提出

上例的画线部分内容，不仅包括对分析方法的阐释，也对获得数据时的分析方法进行条件限定，是杂志论文中不可缺少的部分。但是对于非计量性学科领域的读者来说，可能会显得过于专业。因此在著书的时候，可以将类似的专业统计和与分析处理有关的程序部分作为注解从正文分离出来，需要阅读这类内容的专业学者直接读注解即可，而不必了解相关记述，只想知道当前考察结果的读者就可以直接跳过这一部分进行阅读了（参考第五章）。

2014年春天，围绕STPA细胞研究发生的一连串风波震动了整个学术界。即使论文中包含全新的研究成果，像《自然》这样的权威论文杂志中，也是注重展示结果本身而不会给出过于详细的实验过程。细致的过程则会通过别的途径展示出来，这样的做法已经得到了普及。更何况，与需要同一专业的专家进行包括再验证在内的严密讨论的学术杂志论文相比，编撰的书籍大多情况下都是根据已经通过一些形式发表的并且得到某种程度验证的研究整理而成。因此，将研究成果以不零碎的、叙述性的文章的形式呈现出来，增强作品的可读性就显得尤为重要。

4 如何展示专业的概念、用语以及数值

4-1 意外的盲点

关于这一点，同样需要下功夫的地方在于，我们该如何将对于论述不可欠缺的专业性的概念和用语展示给非研究领域的读者看。对于非研究领域的读者来说，即使他们对内容的意义感兴趣，由于在研究方法和视角上没有受过充足的训练，他们也基本上不具备与研究领域固有的概念和用语相关的知识。因此，直接将专业领域固有的概念作为前提来写作的话，会让读者产

生距离感。笔者认为，可以将本专业硕士该掌握的知识水平设置为统一限度，超过这个限度的知识概念必须予以阐释说明。

但是，如为了细致说明议论的结构而在正文部分添加更加专业或是延伸内容的阐述，又会让论文显得繁杂。因此，如第五章详细介绍的那样，用注解、专栏或者用语解说的方式进行说明比较好。另外，在用语解说里，或多或少都会涉及研究史的内容。研究史的处理方法在第三章中就已经阐述过了，在说明用语或者概念时，应该避免像列出先行研究那样展现研究史。相关的说明应该止于仅仅举出研究中心关键的一两个研究者的名字并阐述相关理论结构或者方法的内容及意义，除此之外的事项都要果断省略。如果不得不涉及更多，在注解中阐明即可。

话说回来，虽说专业的概念或用语会登载在专业领域的词典(如《语言学事典》《生态学事典》之类的词典)上，但其内涵却很难让人一下理解。尤其是地名和人名，意外地成了说明的盲点。例如，在东南亚的社会学研究书中出现："在加里曼丹岛的古晋。"一直以来初高中的社会学科教育中提到婆罗洲岛相关的时候很少使用所谓"加里曼丹岛"的表达，尽管这种情况近来发生了一些变化，但如果这样写的话，一般来说不会有太多的读者能通过加里曼丹岛想到婆罗洲岛。而且，古晋又是什么地方呢？

不过，可以在这段话中补充上些许辅助信息："在加里曼丹岛(婆罗洲岛)的西北部，东马来西亚的砂拉越州的首府古晋……"这样写的话，即使不了解东马来西亚(在婆罗洲岛北部扩张的马来西亚领土；顺带一提，婆罗洲岛大部分是印度尼西亚领土)和砂拉越州(占了婆罗洲岛马来西亚领土的三分之二，最初是名为詹姆士·布鲁克的探险家在此建立了砂拉越王国,在日军侵略东南亚时被占领,事实上被消灭了;砂拉越王国的版图和现在的砂拉越州的土地大体上是重合的),读者也会不知不觉地产生一种安心感,觉得自己明白了。这确实让人觉得不可思议。

另外,有时在专业领域内的特有表达中使用普通名词,反而会给非研究领域内的读者一种违和感。举例来说,在文化人类学领域中时常会用到一个叫"实践"的词语。这个词语包含了某种限定的定义(和微妙的意味)。然而,尽管我们理解它想表现这种意味,但如果过于频繁地使用其限定定义的话,难免会与日常语境中的正常定义相混,反而会给非研究领域的读者带来违和感。在一般的语境中,除非必须使用"实践"一词,大多情况下都可将其替换成"行为""经营""行动"等词语。在照顾到文章的可读性的基础上,对包括人名、地名在内的细小用语的用法的考虑是非常重要的。比如用"本论文""本研究""本调查"之类的表述来表现全书和各章节中作者的研究内容,就多少会给读者带来这是一本面向专业领域中"同业者"发行的图书的错觉。所以在把论文编纂成书时最好避免这样的用词,并根据前后文采用"本书""我的研究"之类的词语。

4-2 数值数据的提出、图表的用法

有关计量性研究的方法和细小程序等的记述已经在前一节得到了阐述,那么作为结果出现的数字本身又该如何表示呢?由于是研究成果,当然需要将论据好好表示出来。在杂志论文中,疏于数值或数据的处理是一个不折不扣的致命问题。不过,

对于非研究领域的读者来说，比起确认各个数值的正确性，只要文章能阐释清楚数据背后的意思、确认整体理论的正确性，一般情况下，他们不会揪着细小的数据不放。或者说，他们反而会对详细罗列的细致数据敬而远之。因此，为了提升作品的阅读体验，著者可以大胆舍弃在正文部分对数值数据的细致记载，而是将其整理并制成图表，作为附录整理到章末或者卷末（参考第五章）。在图表的运用上，比起其编排数据、展示证据的传统职能，更应该把重心放在图表对数据变化的整体反映上。让读者能从中直观地掌握数据的整体动态，才是对图表功能的最大限度的发挥。

5　在目录上下功夫

不仅仅是学术性的图书，无论什么图书，我们通常都会从目录开始看起。通过阅读目录来把握整体的内容，读者就可以大概评定自己对这本书是否有阅读兴趣。因此，目录对于书的流通和销量是非常重要的。而构成目录的是书的各个部分（部、章、节、项）的标题。不过，在学术书的世界里，目录被忽略的例子不在少数。

5-1　所有书的目录都相同？——"规范论文标题"中存在的问题

请看下面的例子。

　　　　第一部分　本研究的目的和方法
　　　　第一章　序言

1. 本研究的视角

2. 先行研究和研究课题

3. 本论文的构成

第二章　调查的概要

1. 确定事例的地位

2. 调查时间

3. 调查方法

如果不看作品的题目，光凭这份目录根本无法得知书的大概研究内容。但反过来说，如果不考虑作品的可读性与魅力，这样的标题对任何研究书都适用，可以称得上"万能型标题"了。我们暂且不说这个，至少在作品的起草阶段，这类"固定形论文标题"并不罕见。甚至在座的不少读者在撰写学术杂志的论文时，大概也写的是这样的目录。这是因为学术期刊的执笔大纲通常会要求这样的风格（投稿论文用），也可以说在许多学术领域中，这样照着模板来写论文已经很普遍了。

在学术期刊的语境下，因为读者是著者的同行，对于自己读的论文的专业范畴有所涉猎，所以"固定形论文标题"的运用并不会影响读者的阅读体验。但是，在面向跨学科领域读者的学术书中，这些笼统的、不提示任何内容的标题就变成了致命的问题。所以类似于"问题意识和论点""方法与构成"这样的投稿论文式的标题，在写书的过程中还是要尽量避免。可以思考如何将自己的研究特色用能够突出关键重点的表述来替换"问题意识和论点"这类标题，进而定下这部分的叙述内容。笔者将给作品定标题的过程,称为给内容"树立旗杆"的过程。为了能够确定朝着"旗帜"而写的目标,从撰写著作的大标题到各章的小标题,写作者都应当养成有意识地避免这类"固定形论文标题"的习惯。

另外,在常见的文体大纲结构中,各章节开头处的"前言"及结尾处的"结语"部分作为大纲构成的一部分必不可少。而当这类标题频繁出现在目录上时,不免会让读者产生一种拼凑感,削弱了作品的整体性。

5-2 单调标题的形成原因——"系列罗列形标题""固定重复形标题"

笔者选取了一篇目录为例。这篇目录选自一篇以研究日本庭园种植史为中心的博士论文(飞田,2000)。其作者以这篇论文为基础,在2002年编纂成书,开创了庭院种植通史的研究,在业内取得了较高评价。

第1章　飞鸟时代的庭园

第2章　奈良时代的庭园

第3章　平安前期的庭园

第4章　平安中期的庭园

第5章　平安后期的庭园

第6章　镰仓时代的庭园

第7章　室町前期的庭园

第8章　室町后期的庭园

第9章　战国时代的庭园

第 10 章　江户前期的庭园

第 11 章　江户中期的庭园

第 12 章　江户后期的庭园

第 13 章　明治•大正时代的庭园

第 14 章　昭和前期的庭园

不仅在历史学科的研究中会见到这类列轴式的目录标题,只要是伴随着时空变化、根据时代和规模的不同对对象进行论述的研究,就容易出现这类标题。虽然列轴式的标题一目了然,但在形式上易显得过于单调,且存在每章(此处指目录中的每个时代)标题不能凸显内容特色的问题。

因此我们可在标题中加上各个时代的庭园种植特征的关键词:

第 1 章　松•樱•枫的登场——奈良时代的庭园

第 2 章　从菊•竹到樱的爱好转变——平安前期的庭园

第 3 章　净土式庭园的登场——平安中期的庭园

第 4 章　樱花在大规模庭园中的运用——平安后期的庭园

第 5 章　新美意识的登场——镰仓时代的庭园(一)

第 6 章　京都风潮的影响与种植的多样化——镰仓时代的庭园(二)

第 7 章　针叶树的运用——室町前期的庭园

第 8 章　枯山水的发展——室町后期的庭园

第 9 章　战国武将对美的渴求——战国时代的庭园

第 10 章　大规模回游式庭园的登场——江户前期的庭园

第 11 章　吉宗"社会政策"中诞生的庭园——江户中期的庭园

第 12 章　个人经营形庭园的增加——江户后期的庭园

第 13 章　从"文人风"到"自然风"——明治・大正时代的庭园

第 14 章　"实用庭园"的流行——昭和前期的庭园

如上所见，加入关键词后的标题，能一览无遗地呈现出不同时代庭园变迁的特点。实际上，其作者将论文编纂成书后，大章的目录还是采取了博士论文中的列轴式标题，但在各小节和各小项的小标题设置上发挥巧思，展示出了各个时代的庭园特征。可以称得上打出了一种变化球的效果。

接下来所选取的例子，不是实际刊登发行的图书目录，而是笔者自己假想出的一本有关保护生物学的研究书目中的目录。

第 1 章　"无法飞翔的鸟"的保护生物学
　　1　"无法飞翔的鸟"的分类学
　　2　"无法飞翔的鸟"的生态学与保护单位
　　3　"无法飞翔的鸟"的遗传多样性

第 2 章　关岛秧鸡和新克里多尼亚秧鸡
　　1　关岛秧鸡所属何种鸟类

  2 新克里多尼亚秧鸡所属何种鸟类

  3 数目减少的原因

    1）关岛秧鸡的减少

    2）新克里多尼亚秧鸡的减少

  以上的目录一眼望去，"无法飞翔的鸟""关岛秧鸡""新克里多尼亚秧鸡"等词语反复出现。这些词语作为这本虚构书的关键词，在文章标题中反复出现本无可厚非。而且，在文中看到那些标题恐怕也不会产生什么违和感。但罗列在目录中难免带给读者一种单调之感。这与前文所述的"重复"问题如出一辙。

  现实中也常常遇到这样的例子。读者一拿到书最先浏览的就是标题，标题的单调会减少作为全书门面的目录的魅力。如果在设置标题时稍稍花些心思，不仅能够避开单调乏味的重复，还能有效地展示出作品的亮点，所以还是请花些时间来撰写。读者们可以稍做思考，在网页上检索有关"无法飞翔的鸟"和生物保护的情报作为参考，尝试修改上例单调的目录，赋予其一副有趣的皮囊。

5-3 怎样拟出合适的标题？

  那么，标题到底该如何取？由于体裁内容的不同，很难一言以蔽之。在这里，笔者提出几个拟标题时应当留意的小窍门。

  1. 标题中应当包含面向非专业读者的关键词

  前文所选取的有关庭园种植目录的例子，就很好地诠释了这一点。在标题中融入由特色概念和事例凝练而成的关键词，不仅能燃起读者阅读的兴趣,也能使著者自己发现作品的"卖点"。但是,所列举的关键词的含义也不能太过专业,否则会让跨领域的读者感到艰深晦涩,导致弄巧成拙。

2. 标题应尽力展现论述的格局

在阅读中,包括书本身的标题,我们常常能见到"以××时代的××地方发生的××为例""关于××状态下的××行为"等仿佛对论述对象进行限定的标题。当然,这种限定是有必要的,但谈到选取限定对象进行论述的原因,就不能说是来源于"因为我只调查了这块内容"这样的消极态度,而是因为非那个对象不可,换句话来说,也就是因为对于大层面的学术抱有兴趣,所以选择了这一对象。我们在撰写过程中必须明确表示出这一层意思。不管是在正文的阐述还是标题中,都要花些心思自觉地表现出论述对象或者方法论的"志于令其成为范式的倾向"。

3. 以典型事例来表现

虽说标题中论述对象的选择应体现对整体大局的把握,但有时选择一个典型的事例或对象更能给读者带来深刻印象。比如可以在论述人民对某个时代的某个国家政策的反响时,在描述人们的普遍倾向的同时,列举一个历史名人(作家、学者、政治家等)的事迹为例子来论述。

综上所言,标题的拟取并不是一个简单的流程化操作。如果能够小心避免上文中提到的标题形式化和重复化的问题,也许反而能在思考中获得独特的灵感。一篇好的目录是对作品的最佳妆点。花心思撰写优秀的目录不仅能提高读者的印象分,而且从投入/收益比的角度来说是最事半功倍的方法。

第五章

用多彩的要素演绎文章魅力

1　为书增色的各种要素
2　小专栏——导入正文
3　注释——补充正文
4　术语解说——夯实基础
5　区块让各种要素变得更考究
6　照片——用有吸引力的照片配文补充正文
　　有可读价值的配文
　　使用卷首插图给书增色
　　不想用的照片也能用
7　图表——明确作者的创作意图
　　精美的图表会改变读者印象
8　各章的提要、关键词和篇章页——突显各章特征
9　用附录(后记)帮助理解
　　卷首
　　卷末
10　其他各种技巧

　　设定好读者层,确定好主题,行文时注意文章开头的撰写和文章的可读性,这样就可以写成一本书了。但是,为了增强书的说服力和吸引力,还必须在书的内容本身之外的其他要素上下功

夫。这些要素很容易被认为是书的附属物，但其实它们大大左右着书留给读者的印象。因此，在本章我们来考虑，为扩大读者层、增添学术书籍的吸引力，如何运用书本身内容之外的丰富多彩的要素。

1 为书增色的各种要素

环顾书店上架的学术书，能感到它们的侧重点都在书的内容建构上，且都是单纯的文字罗列说明。与此相对，普通图书版面设计活泼，体现很多视觉元素。一言以蔽之，学术书籍给人以单调刻板的印象，缺乏有吸引力的编排设计。

但是在容易走单调路线的学术书中加入除内容本身以外的各种要素——卷首插图、篇章页、小专栏、注释、图表、照片、用语解说等，就会使学术书变得活色生香。笔者认为不止普通书籍，写作学术书时也有必要在提升可读性上下大力气。由于本书着眼于如何写好学术书，因此把焦点放在以上提及的要素之一——小专栏。

2 小专栏——导入正文

小专栏和后面将要提到的卷首插图与照片相同，是正文的补充，也是向全书主要内容的过渡。经常有人认为小专栏只是阅读间隙中的休息，其实不然，在书的内容专业性很强或者读者对书的主体内容尚不熟悉的情况下，读者可以通过选择性阅读小专栏增加对书的主体内容的理解。另外，小专栏也是说明正文中出现的烦冗艰深的议论和论题周边内容的有效手段。当然，小专栏也可作为阅读过程中的小憩，专栏内容可以是辛苦的研究经历和研究过程中的趣闻逸事，也可以是周边相关话题的研究。就像后面第五节讲到的一样，可以把小专栏设计成一个区别于正文内容的特殊区块加以排版，这样在视觉上能够把学术书给人的严肃印象变得更加柔和。例如，曾经就有报纸的书评栏夸奖一本关于印尼地区政治的学术书（冈本，2015），记录了研究过程中趣闻逸事的章节卷首语（吉冈，2015）。在某次国际出版奖颁奖仪式上，一个评委对一本语言学学术书给出了"我是从小专栏开始阅读这本书的"这样的高赞。可见小专栏是非常具有潜力的要素。

例如，本书第二章介绍的《图图巴语——描写语言学研究》是描写语言学的研究书，详细记述了仅在南太平洋的图图巴岛上使用、濒临消亡的图图巴语（内藤，2011）。对于初闻图图巴语的大多数读者，以及把该门语言作为专业研究领域的人来说，一开始就读超过500页的关于这门语言的学术书籍，都是相当困难的。但是，这本书在各章节末尾加入了共计12个小专栏，给读者留下易于亲近的印象，而且各个小专栏配上照片，作为向正文的过渡，起到了重要的作用（图5-1）。"图图巴岛上的一天"这一小专栏里，作者用心跟踪图图巴岛上人们的生活，把一个陌生的世界展现在读者面前。此外还有"熟字的数法"这一小专栏，展示出即便就像基数/序数这一基本事实，由于信息提供者的不同，记录下来的情况也有所不同。"拼命的小艇"教给我们连接专门领域的方法。"猪的价格"展示了图图巴岛经济的一个侧面。诸如此类的小专栏，让读者对阅读对象的情况和实际状况产生了直观印象，也为今后从事同样研究的读者提供了研究路径和重要的方法论。

图图巴岛的一日

图图巴岛上的人们,天还未亮,在洪亮的鸡叫声中睁开眼睛。然后小睡片刻,当晨光从墙壁的缝隙射进来时就正式起床,开始一天的工作。先把前一天从田里拿回来的干椰子一分为二,把椰壳内侧的大块白瓤挖出来弄碎,喂鸡、喂猪、喂狗。接着把在密林中采来的香蕉和番木瓜作为一家人的早饭。在院子里吃完早饭后,孩子去上学,大人去农田干活。不上学的孩子们跟着大人一起去农田帮忙。

图图巴岛呈椭圆形,中心为丘陵。人们的房子沿海边建造,从家走到丘陵上的农田需要个把小时。田块不大,种有芋头和番薯。芋头是岛上几乎所有家庭的主食,番薯被作为仪式用品或用来赠答的礼物。农具是木棒,人们把木棒的一端削尖,用尖锐的部分翻地,由于地面坚硬,代替铁锹的木棒又非常重,所以翻地是重体力活。晌午临近,人们把挖出的番薯就地烤来吃。口渴的时候,爬上旁边的椰子树摘椰果,或者用竹子把椰果从树上捅落,然后在椰果上撬开一个口,直接对嘴喝。葡萄柚大小的椰果里满是液体,这种微甜的果汁适合干农活后的水分补给。稍事休息,又开始干农活,挖一家人晚饭用的番薯。

傍晚到来,人们把挖出的番薯装入麻袋背下农田。在回家的路上顺路捡一些干椰果,也摘一些充满水分的新鲜椰果带回家。芒果或可可成熟时,孩子们特别喜欢爬上芒果树或可可树。对于孩子们来说,这些水果是他们的零食。密林里的虫子鸣叫时,人们已经回到自己家中,马上开始动手准备晚饭。

由于没有电,趁天光微暗,一家人在土地上或者院子前面铺上草席开始吃晚饭。饭后,在近旁的树上折下小树枝做牙签剔牙,或者当作挖耳勺挖耳朵。坐近火边,如果还能看到手的话,就用园艺剪刀剪指甲。度过一段悠闲自得的时间后,打地下水到淋浴场按顺序洗澡。冲掉一天的汗水分外清爽。星空下,大人们围着篝火聊天放松,孩子们追逐嬉闹。有时就这样直接在室外就寝。

图 5-1 从描写语言学的使用实际出发
记录瓦努阿图共和国图图巴岛上住民所使用的图图巴语的小专栏。用让人印象深刻、有趣的小故事展示,在极远海域的孤岛上如何记录和分析当地已消失的语言

填补室内轨道交通网不足的定期船

曼谷曾经被称作"东方威尼斯",是水运发达的城市。在这个水上城市,真正的道路建设开始于19世纪中叶拉曼王朝之后。其中,东到空堤县的吞武里大街(现拉曼四世大街)和南到挽柯莲县的恰伦库伦大街是曼谷最长的两条街。与前者平行的方向修建了班库纳木铁路,后者上铺设了市内轨道班口雷姆线。在拉曼五世王朝时代建设的市内轨道交通网的范围也就是当时通信联络网到达的范围。

因此,为连接市内轨道,开航了连接郊区和市内轨道集散点的定期船。班口雷姆线的班口雷姆是南集散点,萨姆瑟雷线的终点班库拉部是北集散点,往来于乔部拉雅河的定期船以这两点为起点拓展了交通路线网。从中心区拉茶轰和拉萨旦的支线向着乔部拉雅河西岸的墩布里耶同样有定期船航行,横跨乔部拉雅河进入运河。出现在曼谷南边的布拉布拉德恩的巴库拉德轨道用这种定期船连接了曼谷市内的

乔部拉雅河的快速船(戴维德,2010)

轨道交通网,市内轨道和定期船联手打造了城市交通网。

这些定期船在其后的道路改建中随着公交车网的扩张而消失了。曼谷完成了由"水城"向"陆地城市"的转变,在这一进程中道路拥堵变得更加严峻。为此,1960年末乔部拉雅河上的快速船再次开航,其后从1990年开始从市内东延至塞恩塞部运河的河段也开航了。这两条河上的定期船都作为拥挤的道路交通替代手段开始崭露头角,对曼谷的交通发挥着重要作用。笔者住在曼谷时,经常利用乔部拉雅河上的快速船往来于宿舍和档案馆之间。和公交车不同,定期船每天都在固定的相同时间内通行,所需时间也远快于公交车,还可以在通勤时欣赏到沿河两岸的古朴美丽的风景。至2011年,定期船年平均搭乘者人数乔部拉雅为3.6万,塞恩塞部运河为5.2万,"水之都"的传统现在依然保留着。

另外,乔部拉雅河上的快速船也起着补充城市铁道网的作用。BTS郑王桥站刚好位于快速船的终点附近,不仅是上学、上班的人,还有乔部拉雅河上的游客也可以在电车和快速船之间转乘。作为临时站的郑王桥站如果按计划被废止的话,换乘就会变得不方便了。

图 5-2 "城市交通政策"小专栏
记录各种各样的城市交通手段带给社会的影响,从市民的日常生活实况
进行生动的报道,作为正文的补充

另外,《都市交通的政治学——曼谷,1886—2012》这本书从技术领域的多样性与政治的利弊关系的角度实证地分析了都市交通存在的诸多问题(柿崎,2014)。在这本书各章的末尾均刊载了小专栏和相应的照片。这些小专栏生动地勾勒出难以编入正文的城市交通周边的情况(图5-2)。"填补市内轨道交通网空白的定期轮渡":轮渡虽然是曼谷的主要交通手段,但是作者在正文中没有涉及,于是将其纳入小专栏中加以介绍。在"习惯了走路的曼谷人"小专栏中,作者考察了即使出行距离很短都想乘坐交通工具的曼谷人随着城市轨道交通的发展改变出行习惯的过程。因此,可以说这篇专栏报告不仅从制度和政策角度,还从技术和人们生活的关系的视角生动论述了泰国的交通史;进而巧妙地展示了全书超越狭义东南亚政治史而作为民族志的魅力。

在这本书的小专栏中,配合着公交车和铁路的正文内容,标题被设计成公交车的形状,小专栏的区隔边线被设计成铁轨样式,独具匠心。这一优点也可用在整本书的设计上,比如,在书口处加入诸如此类的标识,即便合上书也能够立刻找到标识对应的内容。这也是经常被用于制作词典索引的手法。

《温室效应下的湖沼学》阐明了环境变化带给湖沼特有的物理性、化学性内部结构的影响(永田等,2012),全书分设了5个小专栏。湖塘和沼泽的物理性结构以及物质循环均受到复杂的水流控制,特别是对"乱流"(据说这一词语现在尚无明确定义)的理解和测定,即使对于研究流体的专家来说也非易事。所以将这一事项放在正文中叙述会使全文变得更加繁杂冗长,于是将其独立于正文之外,设定为"乱流的测定"小专栏(图5-3)。

乱流的测定

讨论乱流最重要的参数是用以下公式表示的动能散佚率 ε。

$$\varepsilon = \frac{1}{2}\nu \left[\begin{array}{l} 4\left\langle \left(\frac{\partial u}{\partial x}\right)^2 \right\rangle + 4\left\langle \left(\frac{\partial v}{\partial y}\right)^2 \right\rangle + 4\left\langle \left(\frac{\partial w}{\partial z}\right)^2 \right\rangle + 2\left\langle \left(\frac{\partial u}{\partial y}\right)^2 \right\rangle + \\ 2\left\langle \left(\frac{\partial v}{\partial x}\right)^2 \right\rangle + 4\left\langle \left(\frac{\partial u}{\partial y}\right)\left(\frac{\partial v}{\partial x}\right) \right\rangle + 2\left\langle \left(\frac{\partial v}{\partial z}\right)^2 \right\rangle + 2\left\langle \left(\frac{\partial w}{\partial y}\right)^2 \right\rangle + \\ 4\left\langle \left(\frac{\partial v}{\partial z}\right)\left(\frac{\partial w}{\partial y}\right) \right\rangle + 2\left\langle \left(\frac{\partial u}{\partial z}\right)^2 \right\rangle + 2\left\langle \left(\frac{\partial w}{\partial x}\right)^2 \right\rangle + 4\left\langle \left(\frac{\partial u}{\partial z}\right)\left(\frac{\partial w}{\partial x}\right) \right\rangle \end{array} \right] \quad (1)$$

要测定这 12 项一般是不可能的，但是乱流在动力学上有接近等方性的性质。当乱流是等方性时，只测定其中的一项即可。例如：在 $\frac{\partial u}{\partial z}$ 成分中用以下公式给出。

$$\varepsilon = \frac{15}{2}\nu \left\langle \left(\frac{\partial u}{\partial z}\right)^2 \right\rangle \quad (2)$$

如果乱流的流速成分 u 能沿垂直方向 z 计量的话，就能够测定出这个乱流的透明成分。现在，最为广泛利用的为达到这一目的工具是加拿大研究者开发的透明探针。通常透明探针搭载自由下落型的分析仪对乱流进行测量。例如在东京海洋大学和 JFE 先进技术东洋股份有限公司联合开发的涡轮地图上搭载 2 根透明探针。

安装在涡轮地图前端的透明探针以自由下落速度 W 垂直下降。由于下落时乱流流速成分 u 存在，透明探针中相对的 W 和 u 的矢量与 U 发生作用。探针中升力 F_1 发生作用。在探针内部的陶瓷板由于升力而接受了应力，电动势从而产生。

图 5-3 《温室效应下的湖沼学》小专栏

考虑到缺乏物理学研究训练的读者，一旦在正文中加入详细的解说会给读者造成冗长的印象，因此将特定概念的解释独立于正文之外，放入小专栏中，使正文变得更加洗练。

这本书的内容横跨了生物学、地球物理学、地球化学三大领域，所以读者即便是这三大领域中某一个领域的专家，对于其他领域来说也是缺乏专业知识的普通读者。"初次生产的测定""用稳定同位对比推定高阶生产者的营养阶段"等各个小专栏起到了补充物理学、生态学等各种知识的作用。把这种在某个领域中不证自明而在其他领域中却不为人知的事项与正文区分开来，设定为独立的小专栏。这本书中的小专栏和前文所述的《图图巴语——描写语言学研究》中的作为向正文过渡的小专栏，虽然都可以增强正文的可读性，但是这两种小专栏的作用是不同的。

综上所述，小专栏不是单纯的阅读间隙中的小憩和趣闻逸事，而是明确作者的方法论和视角的特点，在视觉上呈现出该书价值的一种方法。

3 注释——补充正文

注释是加深正文内容理解的要素。如前一章所述，注释基本上用来显示正文中所涉及的过于专业的表述。某些专业化的表述到底是放入正文中，还是放入注释中，笔者认为"以不损害正文的流畅"为衡量基准。考虑到非本专业读者的情况，重要的是为不让读者脱离正文的中心思路，可以把细致的表述放入注释中。多数情况下，独特专业领域的研究史、较长的计算公式、在后文中将要阐述的用语解释等最好都放入注释中。为理解正文内容必备的知识、穿插在正文中的主要事项等，不要放在注释中，必须放在正文中加以说明。总之，在添加注释时，每次都要判断：所要添加的注释是否有助于把握正文脉络，是否不妨碍正文的流畅，是否为正文的适当补充。形式上通常采用脚注或尾注（章节末、卷末注释）。如图5-4所示。

美洲驼的栖息地在安第斯山脉中干燥的偏西斜坡上。在潘帕斯大草原附近，美洲驼的行动范围多是在干燥场所，无茎茄的种植地很难固定在美洲驼的粪便处理地。

骆马的栖息地是海拔 3400 米的安第斯高原中心部。以无茎茄为首的番薯类的原始野生种的分布地域是安第斯中心海拔 3500—4600 米，刚好和骆马的栖息地重合。现在把焦点只放在无茎茄的考察上，番薯类的原始野生种就是固定在骆马粪便处理地的种类。骆马的粪便处理地积蓄了大量土壤养分，形成了番薯类原始野生种无茎茄的基因库。

以番薯原始野生种生长在骆马粪便处理地这一假说为基础，开篇提到的疑问就容易理解了。番薯的芽和表皮有很多有毒成分，是为保护对于生长很重要的芽，防止动物咬食番薯。骆马的粪便多分布在不太陡峭的斜面上，与栽培种喜欢较缓的斜坡符合。栽培种番薯喜欢透水性和通气性好的土壤，需要很多钾和磷酸等养分，这一要求和骆马粪便处理地的土壤环境一致。今后必须广泛考察，慎重勘验。可以认为番薯和粪便间的奇妙关系始于它生长在骆驼科动物特别是骆马的粪便处理地。

文献 10　Sinden et al. 1973.

注 12　旱季，由于作为饲料的牧草不足，被放养的家畜增多。晚上家畜被赶入"畜栏"(corral)。因为这些家畜也吃无茎茄的浆果，畜栏里蓄积了很多家畜粪便，无茎茄的种子随着粪便散布于此，形成群落。约翰斯(Johns)和金恩(Keen)(1986)有报告称是家畜使得无茎茄的种子散布各处。

图 5-4　《安第斯高原》的注释

在该页底部的留白处配上照片和详细说明。注释中加入了"百科词典"式的元素

脚注编号的方法有很多,对于学术书籍来说,关键要选取对书籍制作工序有利的方法。常见的有整本书一序到底的形式,这种形式在修改和校正的过程中由于添加或删除注释,容易引起编号偏差,给修改带来麻烦,易出错。为避免出错,注释的编号最好以章为单位进行排序。另外,在参考文献和引用文献的展示方法中有哈佛式(在正文中用括号标出作者和出版年份)和文献笔记法(标注序号,显示在注释中)两种,后者要下一番功夫。由于在反复校正书稿的过程中会有新文献出版,若要把其追加到文献列表中,就要加入其他相关的说明性注释。因此,为了不引起编号的混乱,最好把注释和参考文献分开编号,高效完成排序工作。

例如,《安第斯高原》(山本,2007)从地方志、农耕畜牧、民族志等角度概括性地汇总了安第斯高原的富饶自然和人们的生活。这书的注释分成了"注1""文献1",注释的编号以节为单位编排(图5-4)。正文中表述为"野生马铃薯(acaule,芋头的同类)含有有毒成分——生物碱",针对正文的表述,注释中详细的解释为:"生物碱的含量根据其种类的不同而有差异,食用它的鸟类和哺乳类的反应也有不同。"而且,文中插入了照片和图片等诸多要素,在视觉上也起到了引人入胜的效果。

4 术语解说——夯实基础

正如前一章所述,考虑到专业领域外的读者,就有必要对领域内固有的术语进行解释。术语解释可以在正文中用括号标示出来,繁杂的术语解释则需要独立于正文之外。

用词解释

- aa 指数(aa index)：简化导出 ap 指数(如下参照)，只能从 2 个观测点(格林尼治和墨尔本)得到数据，通过这种简化 aa 指数值可以追溯到 1800 年。
- AE 指数(AE index)：是表示在极光中流动的东西向的电离层电流的大小的指数，目前，按一分钟计算。在纬度 65°～70°附近的极光带上，把从等间隔分布的 12 个观测点中得到的磁场变动的北向成分和经度方向重合，用 nT 单位表示各时刻的最大值(AU 指数：东向电流的强度)和最小值(AL 指数：西向电流的强度)的差(两电流的和)的值。
- ap 指数(ap index)：因为 Kp 指数(如下参照)有地磁扰乱的准对数的值，将其改为线性指数后的值就是 ap 指数。1 天 8 个 ap 指数的平均值是 Ap 指数。也就是说，Ap 指数为 100，在地磁纬度 50°附近就有 100nT 的地磁扰乱。
- CaH 线(钙 H 线)：1 次电离钙所创造的波长 396.8 nm 的线频谱。在太阳表面深色吸收线中带有辉线成分，作为在比光球温度更高的彩层所创造的线，用于观测彩层、耀斑和日珥。日出卫星的可视光望远镜通过使用频谱线进行摄像观测，发现了彩层上的各种活跃现象。和钙 K 线(393.4 nm)有相同的基本状态，上位单位的总角运动量 l，K 线 l=3/2，H 线 l=1/2，强度约为 K 线的一半。其他性质类似。
- CME(coronal mass ejection，日冕质量放射)：根据太阳活动度等离子体(太阳日冕的一部分)突然放射的现象，也指放射出的等离子块本身。多数情况下，伴随太阳耀斑和日珥的上升而发生，在行星间的传播速度如果超声速的话就会在前面形成冲击波。与地球磁场相撞就会产生磁力风暴，所以理解 CME 对预测宇宙环境很重要。
- CME 冲击波[(coronal mass ejection(CME) shock]：在 CME 前面形成的冲击波。一般说法是太阳高能粒子通过 CME 冲击波生成。地球上观测到的太阳高能粒子的时间变化根据 CME 冲击波传播方向的不同而不同，且从地球上看 CME 冲击波传播到东或西某一个不同方向其自身也不同。
- Compton-Getting 效果(compton-getting effect)：根据观测者的运动，从观测者前进的方向射进来的宇宙射线强度比其他方向都大的现象。强度差是观测者速度与粒子速度的比值。提出这种效果存在的是康普顿(A.H.Compton)和肯亭(I.A.Getting)两人，因此用两人的姓名来命名。

图 5-5 《宇宙天气总论》的术语解释

为让缺乏专业研究经验的读者能够一目了然，在书后做了关键词汇总

	序位	鸟类的一夫一妻制	昆虫社会
许多鸟在繁殖期主动配对，交尾产卵，雌雄鸟交替孵卵，或者雄鸟把找到的食物分给孵卵的雌鸟。雏鸟长大为成鸟后，夫妻各自回归单身生活，变成大集群的一员，合作关系结束。到下一个繁殖期，许多原配的夫妻又一次建立合作关系，90%的鸟类如此创建一	20世纪初，谢尔德鲁普-埃贝发现家鸡在争夺食物时有一定的规则。谁来啄谁呢？观察集群后，他发现一种线性序位排列，称其为"啄序位"。个体间的这种序位关系随后在许多脊椎动物中被发现。食物、异性、地盘等生存和繁殖所必须的"资源"是有限的，因此，"资源"成为同种个体间竞争的对象。竞争分"消费型"和"干	涉型"两种。干涉型的竞争发生时，同一集团的成员了解彼此，所以个体间多半不发生直接斗争，较弱的个体即便与较强的个体争斗也毫无意义。较强的个体在争斗中会有受伤的风险，会付出时间和体能的成本。个体存在获得资源能力的差异，由此产生的优先权顺序被称作"序位"，它的存在避免了争斗。	从神经系统是否发达的观点来看，脊椎动物和无脊椎动物之间存在显著区别。除了蚂蚁等昆虫和章鱼等软体动物外，无脊椎动物的中枢神经系统不发达。不擅长通过后天学习来修正自己的本能行动。 无脊椎动物的成虫产卵后不会离开，会养育幼虫，这时有可能形成社会。生物都会尽可能地留下自己的基因副本。首选办法是由父母亲的一方（通常是母亲）独自养育，长足蜂符合这种情况。第二种办法是雌雄双亲共同养育幼虫，锹甲虫中有如此养育的种群。第三种方法	是养育有血缘的亲属（特别是弟弟和妹妹）。为留下更多自己的基因副本，昆虫未必自己生育。在昆虫社会中，采取第三种繁殖方法的种群创造了复杂的社会。这里的"复杂"意味着有庞大的个体数量和分工。有庞大集群的社会性昆虫包括膜翅目（蚂蚁、蜜蜂），等翅目（白蚁）、半翅目（蚜虫）。在蜜蜂这一集群社会中，只有雌性蜂王和雄蜂生育幼虫，从受精卵诞生的全部是雌蜂。雌性蜂王产出的无精卵变成雄蜂，雌蜂工蜂不生育自己的孩子，只照顾母亲（蜂王）的孩子也就是自己的弟弟和妹妹。他们牺牲自己的繁殖，为父母亲的繁殖做奉献，因此，我们把它们叫作"真社会性"昆虫。
雄一雌的关系。鸟类为体外受精，雄性也参加养育幼鸟。由于鸟类采用飞行生活的模式，所以雏鸟必须尽快成长，雄鸟的协助是必要的。从最近的DNA亲子鉴定研究中可以看出，被认为是一夫一妻制的鸟类也会经常发生妻子或丈夫背叛配偶，用情不专的事。				

图 5-6 《新教养的推荐：生物学》的术语解释
在版面布局上下足了功夫，术语解释像小专栏一样被设计成独立的阅读资料

例如，《宇宙天气总论》（柴田、上出，2011）讲了激烈的太阳风暴不仅给人造卫星、宇宙通信系统、地面电力系统等带来严重阻碍，还影响着宇航员、飞机乘客和乘务员的健康。该书的读者是宇宙物理学、天文学、信息工程、交通工程等各学科的研究者、实践者。也就是说读者的知识水平和实践经验各异。因此，在书的最后归纳整理了有助于理解这本书的必要基础术语的解释（图 5-5）。

另外，《新教养的推荐：生物学》（昭和堂）是一本培养广泛观察生物多样性的能力的入门书（西田、佐藤，2003）。该书在各章最后标注了难懂的术语解释（图 5-6）。

出现次数较少的术语也可以在正文中术语出现的位置加注或者在特定区块内加以解释。必须根据书的性质来判断术语解释的加入位置，或者直接出现在对应术语之后，或者作为阅读资料插入正文中，或者归纳在书后、章节后让读者参考。

5　区块让各种要素变得更考究

这里所讲的区块是用轮廓、阴影、横线或竖线等把上述小专栏、注释、术语解释等丰富多彩的内容与正文区分开来的方法。通过在正文中插入区块来突出纸面上的重点。区块内既可以放入注释和术语解释等较小的内容，也可以放入占半页纸的小专栏和人物介绍，还可以放入一页或两页以上的补充论述。预先了解这种排版手段对撰写有吸引力的书大有裨益。

例如，在为护理专业的学生而编的教材《易懂的护理学概论汇编》(医疗出版社，2005)中，围合区块里放入了提出各种论题的小专栏，涉及进阶内容的参考资料等(图5-7)。面向高中生的教材——《教科书指南》(文研出版社)，虽然不是严格意义上的学术书籍，但是作为"强化班"，在围合区块内展示了有助于加深对教科书理解的事项(图5-8)。

另外，在前面提到的《宇宙天气总论》中，阴影区块里放入了小专栏(图5-9)。《图图巴语》一书中也大量使用了阴影区块(图5-10)。《抓住科学灵感的物理学基础》一书以能量的概念为轴学习物理学基础，是一本为获得科学灵感而编纂的教科书(林，2006)，书中的引用、进阶内容、题外话等都用装饰性的横线标示出来(图5-11)。

图 5-7 《易懂的护理学概论汇编》的围合区块空间

在视觉上把对护理实践有益的发展性、实践性内容独立出来，提高了这本书的实用性

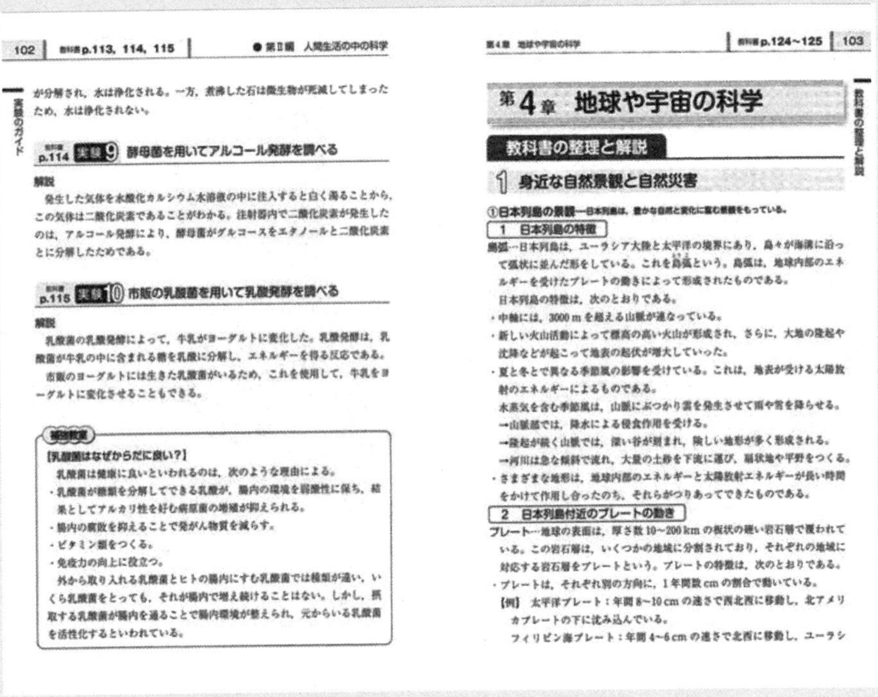

102 教科書p.113, 114, 115 ● 第Ⅱ編　人間生活の中の科学

実験のガイド

が分解され，水は浄化される。一方，煮沸した石は微生物が死滅してしまったため，水は浄化されない。

教科書 p.114 実験 9 酵母菌を用いてアルコール発酵を調べる

解説

発生した気体を水酸化カルシウム水溶液の中に注入すると白く濁ることから，この気体は二酸化炭素であることがわかる。注射器内で二酸化炭素が発生したのは，アルコール発酵により，酵母菌がグルコースをエタノールと二酸化炭素とに分解したためである。

教科書 p.115 実験 10 市販の乳酸菌を用いて乳酸発酵を調べる

解説

乳酸菌の乳酸発酵によって，牛乳がヨーグルトに変化した。乳酸発酵は，乳酸菌が牛乳の中に含まれる糖を乳酸に分解し，エネルギーを得る反応である。

市販のヨーグルトには生きた乳酸菌がいるため，これを使用して，牛乳をヨーグルトに変化させることもできる。

【乳酸菌はなぜからだに良い?】

乳酸菌は健康に良いといわれるのは，次のような理由による。

- 乳酸菌が糖類を分解してできる乳酸が，腸内の環境を弱酸性に保ち，結果としてアルカリ性を好む病原菌の増殖が抑えられる。
- 腸内の腐敗を抑えることで発がん物質を減らす。
- ビタミン類をつくる。
- 免疫力の向上に役立つ。

外から取り入れる乳酸菌とヒトの腸内にすむ乳酸菌では種類が違い，いくら乳酸菌をとっても，それが腸内で増え続けることはない。しかし，摂取する乳酸菌が腸内を通ることで腸内環境が整えられ，元からいる乳酸菌を活性化するといわれている。

第4章　地球や宇宙の科学 教科書p.124~125 103

第4章　地球や宇宙の科学

教科書の整理と解説

1 身近な自然景観と自然災害

①日本列島の景観—日本列島は，豊かな自然と変化に富む景観をもっている。

1　日本列島の特徴

島弧…日本列島は，ユーラシア大陸と太平洋の境界にあり，島々が海溝に沿って弧状に並んだ形をしている。これを島弧という。島弧は，地球内部のエネルギーを受けたプレートの動きによって形成されたものである。

日本列島の特徴は，次のとおりである。

- 中軸には，3000 m を越える山脈が連なっている。
- 新しい火山活動によって標高の高い火山が形成され，さらに，大地の隆起や沈降などが起こって地表の起伏が増大していった。
- 夏と冬とで異なる季節風の影響を受けている。これは，地表が受ける太陽放射のエネルギーによるものである。

水蒸気を含む季節風は，山脈にぶつかり雲を発生させて雨や雪を降らせる。

→山脈部では，降水による侵食作用を受ける。

→隆起が続く山脈では，深い谷が刻まれ，険しい地形が多く形成される。

→河川は急な傾斜で流れ，大量の土砂を下流に運び，扇状地や平野をつくる。

- さまざまな地形は，地球内部のエネルギーと太陽放射エネルギーが長い時間をかけて作用し合ったのち，それらがつりあってできたものである。

2　日本列島付近のプレートの動き

プレート…地球の表面は，厚さ数 10~200 km の板状の硬い岩石層で覆われている。この岩石層は，いくつかの地域に分割されており，それぞれの地域に対応する岩石層をプレートという。プレートの特徴は，次のとおりである。

- プレートは，それぞれ別の方向に，1年間数 cm の割合で動いている。

【例】 太平洋プレート：年間 8~10 cm の速さで西北西に移動し，北アメリカプレートの下に沈み込んでいる。

フィリピン海プレート：年間 4~6 cm の速さで北西に移動し，ユーラシ

图 5-8 《教科书指南》的围合区块

虽然是面向高中学生的自学书，但是在如何吸引读者，也就是如何抓住读者眼球的技巧方面，这种初、高中学生的教材也可以成为撰写学术书籍的参考

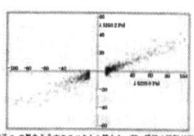

图 5-9 《宇宙天气总论》的阴影区块

用区块清晰的排版打造小专栏

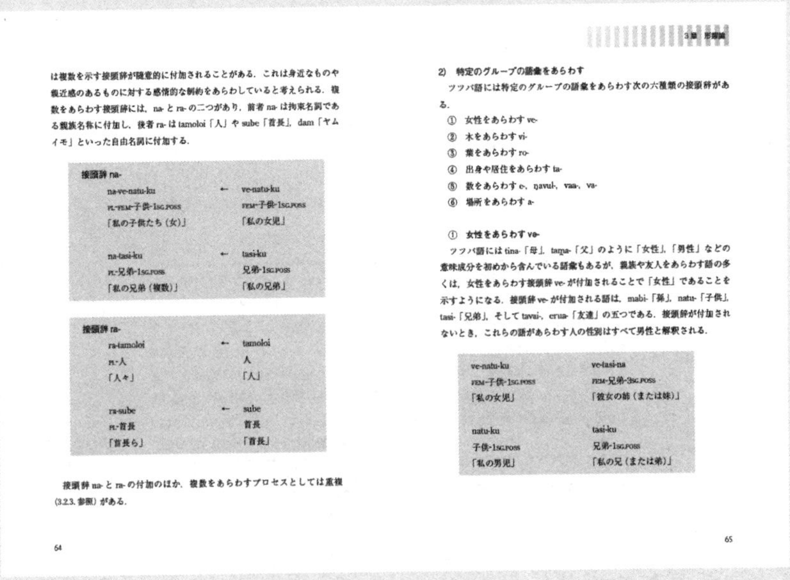

3章 形態論

は複数を示す接頭辞が随意的に付加されることがある．これは身近なものや親近感のあるものに対する感情的な制約をあらわしていると考えられる．複数をあらわす接頭辞には，na- と ra- の二つがあり，前者 na- は拘束名詞である親族名称に付加し，後者 ra- は tamoloi「人」や sube「首長」，dam「ヤムイモ」といった自由名詞に付加する．

接頭辞 na-

na-ve-natu-ku	←	ve-natu-ku
PL-FEM-子供-1SG.POSS		FEM-子供-1SG.POSS
「私の子供たち（女）」		「私の女児」
na-tasi-ku	←	tasi-ku
PL-兄弟-1SG.POSS		兄弟-1SG.POSS
「私の兄弟（複数）」		「私の兄弟」

接頭辞 ra-

ra-tamoloi	←	tamoloi
PL-人		人
「人々」		「人」
ra-sube	←	sube
PL-首長		首長
「首長ら」		「首長」

接頭辞 na- と ra- の付加のほか，複数をあらわすプロセスとしては重複(3.2.3. 参照）がある．

64

2) 特定のグループの語彙をあらわす

ツツバ語には特定のグループの語彙をあらわす次の六種類の接頭辞がある．

① 女性をあらわす ve-
② 木をあらわす vi-
③ 葉をあらわす ro-
④ 出身や居住をあらわす ta-
⑤ 数をあらわす e-，ŋavul-，vaa-，va-
⑥ 場所をあらわす a-

① 女性をあらわす ve-

ツツバ語には tina-「母」，tama-「父」のように「女性」，「男性」などの意味成分を初めから含んでいる語彙もあるが，親族や友人をあらわす語の多くは，女性をあらわす接頭辞 ve- が付加されることで「女性」であることを示すようになる．接頭辞 ve- が付加される語は，mabi-「孫」，natu-「子供」，tasi-「兄弟」，そして tavai-，erua-「友達」の五つである．接頭辞が付加されないとき，これらの語があらわす人の性別はすべて男性と解釈される．

ve-natu-ku	ve-tasi-na
FEM-子供-1SG.POSS	FEM-兄弟-3SG.POSS
「私の女児」	「彼女の姉（または妹）」
natu-ku	tasi-ku
子供-1SG.POSS	兄弟-1SG.POSS
「私の男児」	「私の兄（または弟）」

65

图 5 - 10 《图图巴语》的阴影区块

阴影区块有效的显示出与论述重点相关的事例，也是为正文增加韵味的要素

> （1）運動の3法則
>
> I．**慣性の法則**：他の物体から十分はなれて何の作用も受けない物体は加速度のない運動をする．
>
> II．**運動の法則**：物体の運動量の変化は作用する力の大きさに比例し，その力の方向に起きる．
>
> III．**作用・反作用の法則**：作用には必ず反作用が伴い，2物体が互いに及ぼし合う作用は大きさが等しく逆向きである．
>
> ---
> ここで"作用"や"力"という言葉が出てくる．ニュートンはIの慣性を物質の「固有力」ともよんでいる．これに対するものとしてIIでの「力」は外力であり「外力とは物体の状態を，静止していようと直線上を一様に動いていようと，変えるために，物体に及ぼされる作用である．この力は作用のうちにだけあって，作用が終わればもう物体には残っていない．なぜなら，物体はあらゆる新しい状態をその固有力だけによって維持するものだからである．そして，外力は，打撃からとか，圧力からとか，向心力からとか，さまざまな原因による．」と，明快に述べている．
> 　　　　　　　　　　　　　　　　　　　　　（『PRINCIPIA』の冒頭，定義iv）
> ---
>
> この3つの法則において，**慣性系，慣性質量，運動量**等の概念が導入される．その論理を以下に箇条書き的に示そう．
>
> ◆　**慣性系**
>
> 　Iの慣性の法則は，「物体が他から作用を受けないとき，等速度運動または静止している」ことを表すが，これは，そのことを認識する座標系の存在を必要とする．すなわち第I法則は「力を受けない物体が加速度のない運動をしていると観測される座標系が存在する」ことを主張している．第I法則は慣性（座標）系の宣言である．
>
> 　われわれの生活空間，地表で静止した座標系はほぼ慣性系とみなせる．ある静止した座標系に対して等速度で運動する座標系も慣性系である．どちらの座標系で見ても何の作用も受けていない物体は静止または等速度運動しているか

图5-11　《抓住科学灵感的物理学基础》的区块

用装饰线突出显示是一种有效手段

6 照片——用有吸引力的照片配文补充正文

照片和照片配文是让正文变得更加翔实、加深读者印象、增强故事性的有效要素。即使不需要照片的领域,笔者也想尽力插入照片。当然,必须重视照片本身和照片配文的质量。

■ 有可读价值的配文

独立的、有可读价值的配文不仅能单纯地补充和说明正文,如同小专栏一样,也可用作向正文的过渡。在快速翻阅时,如果一看到书中的照片和配文就能对该书形成大体印象,读者会更容易被俘获芳心。例如,《湄公河三角洲土地所有状况》第一次真正归纳整理了在社会主义制度下的越南湄公河三角洲土地所有制的相关研究(高田,2014)。在有关经济史、土地制度史的坚实可靠的论述中间配上了许多带有较长文字说明的照片(图5-12)。即使没有这些照片,研究内容也是很充分的。可是,行文中配上的许多照片让读者对各章所涉及的地区、时代在视觉上形成了具体印象。通过许多这样的照片,湄公河三角洲的新旧景象也就栩栩如生地浮现出来了。这些照片和配文不一定直接放入正文中论述,作为传递全书内容和作者主张的视觉素材可以说是左右一本书能否给人以强烈印象的要素。

当然,有的书在正文中已有充分说明时,只有一行照片配文也能够起到作用。

■ 使用卷首插图给书增色

卷首的插画能给书增色,同时也是书上内容的指路牌。经常

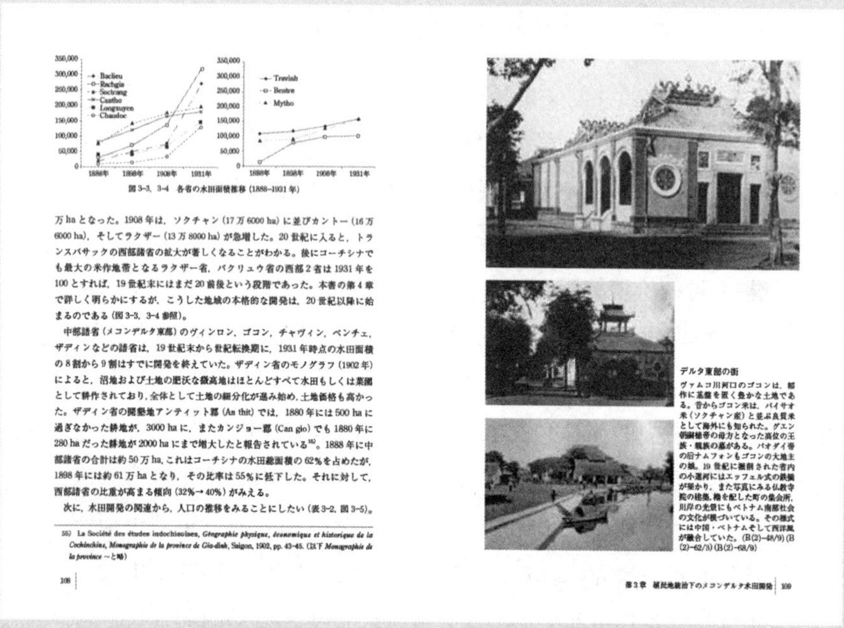

图 5-12 《湄公河三角洲土地的所有状况》的照片和照片配文

虽然图片没有直接承接正文内容,但通过与正文相关的老照片和长篇解说,以视觉性的方式展现了当地的时代特征

104　学术书生存指南

有这样的事例:"只有彩色插图和照片才能让人理解其意义,所以卷首插图要设计成彩色的。"这样做未免太浪费。重视卷首插图自身的故事性,再巧妙地配以有吸引力的照片和说明文字,这才是关键。《草根的全球化》描写了住在菲律宾深山里的伊洛卡诺人与被全球化席卷的日本背道而驰,强硬驯服市场经济、让其按照自己意愿发展。这本书是一本参与型的民族志(清水,2003),刊载于书上的卷首插图的内容包罗万象,从世界遗产美丽的伊洛卡诺梯田,到推进植树造林运动的非营利组织(NPO);从伊洛卡诺的民族服装和传统民居,再到与日本的交流,活跃于全球的村民等。这本书的每页卷头插图都带有标题,通过这些卷头插画和标题,仅用4页就简洁地表现出了全书的论述脉络。

《海域世界的地域研究》是一个过度使用彩页的例子。这本书论述了没有文字的人们具有较强的迁徙性和分散性。这本书还利用考古学的方法呈现出东南亚海域、海岛世界其特性的形成和变化(小野,2011)。这本书构成如下:各章之间夹有4页彩页,每张彩页都使用大量照片,章末的小专栏占1页,章首的篇章页占左右2页,章节内容提要占1页(图5-14)。

■ 不想用的照片也能用

如上所述,照片不一定和正文内容紧密相关,如果花心思设计的话,照片也会成为让读者生动地回想起研究对象和研究特征的要素。与内容没有直接关系的专业领域内的照片和研究情景的照片,如果把它们放在小专栏中或篇章页上的话,有可能会成为那里的主角。也可用于填补版面的空白处或代替插画。因此,不要过早删掉不要的照片,最好尽量积极地思考利用方法。

图 5-13 《草根的全球化》的彩色卷头插图

在卷头插画上配有标题和长评论,仅用四页就抓住了这本书的论述脉络

图 5-14 《海域世界的地域研究》的彩页

这本书以美丽的海洋世界为对象,一定程度上过度使用彩页,虽然提升了阅读效果,但是照片的品质被质疑

7 图表——明确作者的创作意图

不是盲目地制作图表,重要的是明确制作意图。有时由于绘图方法的问题,所做的图表不能完全展示出某种变化。因此,制作图表时要把创作意图正确地传达给读者。

■ 精美的图表会改变读者印象

时刻提醒自己要尽量做出简洁精美的图表。用一张图表体现很多要素比较困难,这时可以分开制作若干张图表,使图表变得易读易懂。过于专业的情况下,在正文中呈现简化图,详情放入书后的附录中。

作图软件有很多,例如 Microsoft Word、Excel、PowerPoint 等。作者制作好的图表并不能直接送印,还要由出版社重新编辑,调整字号、字体等,与正文匹配。这一过程中会出现加字、改字等情况,在后续校对时须用心检查。对于过于复杂不能重新编辑的图表,就需要在图表的标题和背景的设计上下功夫,做到精美呈现。刊登图表时最好向出版社提出详细具体的指令和要求。也有的书,图表占很多版面,所以如果稍加留心注意图表的版面设计,书的整体印象会随之改变。

另外,还有一些必须用彩色才能领会其意义的图表,通过改变图表中所用符号的形状和线条也能够以单色呈现。关于图表的发排方式,在第七章有详细论述,请参考。

8　各章的提要、关键词和篇章页——突显各章特征

篇章页按字面意思理解就是把读者导入这一章的一页。在篇章页中可以通过加入内容提要、节标题一览、关键词等手段把读者有效地引向书中。在前面所述的《海域世界的地域研究》和《抓住科学灵感的物理学基础》两本书中,篇章页加入了内容提要;在《图图巴语》中,篇章页加入了节标题一览(图5-15)。《生存场域中的人类学》《集团——人类社会的进化》和《制度——人类社会的进化》这三本书刊行了社会人类学、生态人类学、灵长类学领域的科研团队进行的一系列研究(河合,2007;2009;2013),每本书的篇章页都很有特色。用学术杂志的形式再配以关键词展示出各章特点(图5-16)。各章的内容用一张图来显示,同时也充分展示了三个领域交叉重合、各有特点的论述特征(图5-17,5-18)。

如前章所述,写各章总结时要下功夫避免重复,可以把总结做成区块,使其独立于正文。《国际机构的政治经济学》着眼于表面上不易明白的国际机构的组织构成和特点,也是一本说明国际机构主导下的市场形成的实际情况的书(池岛,2014)。这本书就采用了以上这种方法(图5-19)。

第 5 章　句子结构

5.1　基本语序
5.2　主要部分和从属部分
5.3　语法范畴
5.4　谓语
5.5　主语和补语
5.6　附加词
5.7　焦点化
5.8　法
5.9　否定·义务
6.0　相(态)

图 5-15　《图图巴语》的篇章页
节标题起到了关键词汇编的作用

第4章

乌干达游牧民对外界的认知和实际行为

河合香吏

关键词：
乌干达游牧民　认知地图　示意图
地理表象　现场　主观感受性

1　引言

"豆豆司"是住在乌干达东北部的卡拉摩加地区，以放牛为生的游牧民。

本章的目的是记述在"豆豆司"的社会生活中所发生的重要行为和事件的现场，把这种现场置于和"豆豆司"对外界认识的关系中考察。具体而言，为理解"豆豆司"的外界认识，特别是关于土地（更加准确的表述是地理空间）的认识状况，这种外界认识从感觉、认知出发如何通过具体实践和表面化的过程成立，这种外界认识如何酝酿为人们共有的认识和知识，进而人们如何以共有的认识和知识为基础进行活动，本章着眼于以上三个问题。

"豆豆司"与其他的东非游牧民相同，把分散、移动家畜作为基本的生活样态。其游牧生活以聚落和家畜集中放牧点为据点，对家畜进行空间移动，也就是为了适应牧草和水源的时空分布，以及躲避其他群体对家畜的袭击等情况，他们让家畜在广泛空间内移动。对牧民来说，关于所利用土地的生态环境的知识是为达到放牧饲养家畜这一生计活动的目的而不可欠缺的知识。

图 5-16　《生存场域中的人类学》的章节标题
在学术杂志风格的基础上特别添置了关键词来展示论述的重点

第 2 章　单独一个人的聚集
在孤独和"看不见"的集团之间

内堀基光

关键词：

单独一个人　孤独　成对　共存形态　网络

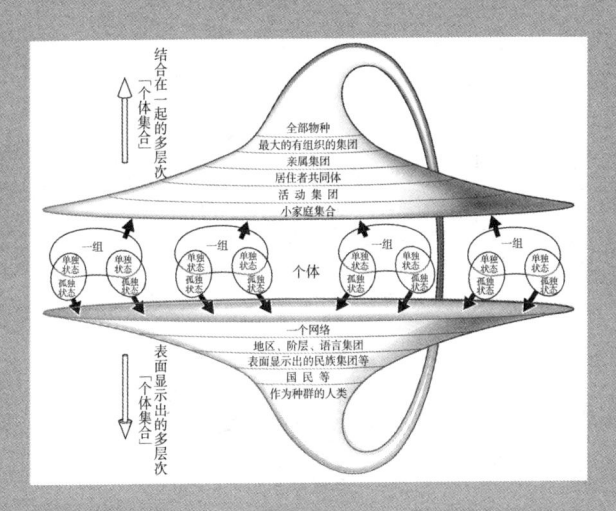

结合在一起的多层次〔个体集合〕

全部物种
最大的有组织的集团
亲属集团
居住者共同体
活动集团
小家庭集合

一组　一组　个体　一组　一组
单独状态　单独状态　单独状态　单独状态
孤独状态　孤独状态　孤独状态　孤独状态

一个网络
地区、阶层、语言集团
表面显示出的民族集团等
国民　等
作为种群的人类

表面显示出的多层次〔个体集合〕

　　个体是最具体的存在。个体又被夹在两个集合性中呈现出具体的表现。一个表现是不同的个体结合在一起的集合性，从不同个体的单个形态组合在一起成对出发。另一个是表象化的集合性，是以孤独状态为基础。两个集合都有多层次的阶梯结构，在离个体的具体性渐行渐远的阶梯最上面，两种集合性相连接。

图 5-17　《集团——人类社会的进化》的篇章页
用关键词和一页概念图显示了整章内容

第五章　用多彩的要素演绎文章魅力　111

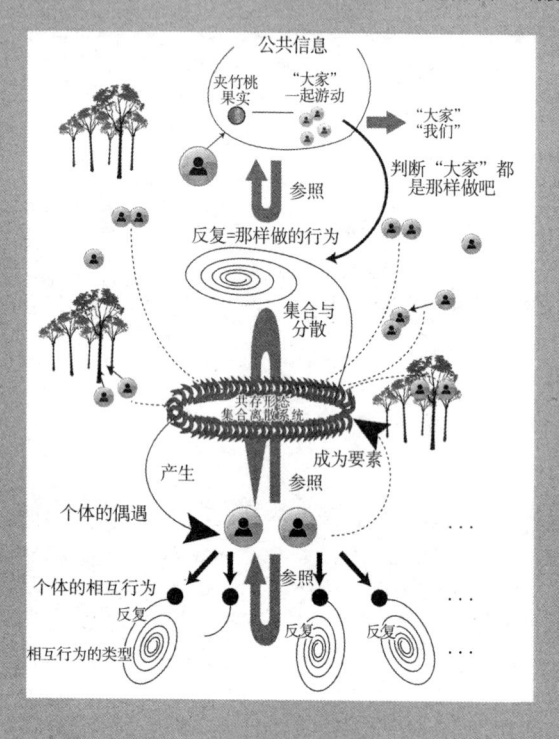

图 5‑18 《制度——人类社会的进化》的篇章页

与《集团》一样,在章节开头配上概念图,清晰地展示出各位代表性作者的研究方法的特点

以全球合作为标志的联合国与资本合作开发计划在减除贫困、健康、教育、地域开发等诸多领域不断地推进着。从公共性和权益性角度来看，以前由营利企业开展的事业已不合时宜，公共机关的投入须落实。在各领域以联合国为媒介，从多国企业混合投入资本开始，资本参与变得具体化。可以说不仅是"开发的民营化"，"联合国的民营化"也发展起来（Bruno and Karliner 2002:6）。现在，把发展中国家的低收入人群也纳入商业贸易中，通过提供创造收入机会和有劳动价值的人性化工作削减贫困。以此为目标，从 UNDP 的"培育一揽子市场的主动权"开始，联合国各机构积极完善在向发展中国家市场投入资本的过程中起到斡旋作用的组织的体制（UNDP2010:12-13）。基于财政不足未能展开充分活动的现状，联合国各机构纷纷考虑使资本自发参与和做出财政贡献成为可能的制度框架，这将不仅停留于全球化合作，今后还要被定位成联合国和资本的友好合作关系的基干。可是，从过去实例明显看出，由于没有法律约束的多国企业的规制，其实效性依旧让人放心不下。

第6章的小结

第6章聚焦在以 FDI 为中心的资本打入发展中国家这一情况，分析了围绕开发发展中国家的资本和国际机构之间的关系。FDI 根据资本的经营判断来决定自身，国际机构通过完善资本的经营环境推动向发展中国家投资，不仅如此，还让民间资本积极投入自身的开发事业，推进"开发的民营化"。可以说资本和国际机构构筑起了紧密关系。以下简单整理本章的分析。

第一，1990年后，投入发展中国家的资本流扩大，促进了在世界经济整体中的 FDI 流的增大。作为世界整体，先进国家间相互的 FDI……

图 5-19 《国际机构的政治经济学》的章末总结
把重复的内容设计成单独的区块，这样做很大程度上削弱了重复感

9　用附录(后记)帮助理解

在设计了独立于正文之外的区块等辅助内容后,如果还有在正文周边难以加入的内容事项、在阅读正文过程中多次想让读者参考的图表等,可以将其作为附录加在书的开头或书后。

■ 卷首

有关全书的地图、流程图、人物关系谱等是阅读前的背景知识,可以把这些预先交代背景知识的要素放于卷首。《抓住科学灵感的物理学基础》一书,把从初期自然学到热力学第二定律的历史发展脉络绘制成流程图,同样折叠插入卷首(图 5-20)。

■ 卷末

为加强补充论述或正文论述所需的特别详细的图表、术语解释、参考文献(阅读指南)、其他资料等最好放在书后。前面提到的《图图巴语》中作为资料的主要词汇和文本资料(民间故事)等、《抓住科学灵感的物理学基础》中作为"附录"(Appendix)的简单函数的微积分、三角函数的微积分等、《湄公河三角洲土地所有状况》中作为史料的采访当地人得到的见闻,都放在了书的最后(图 5-21,图 5-22)。

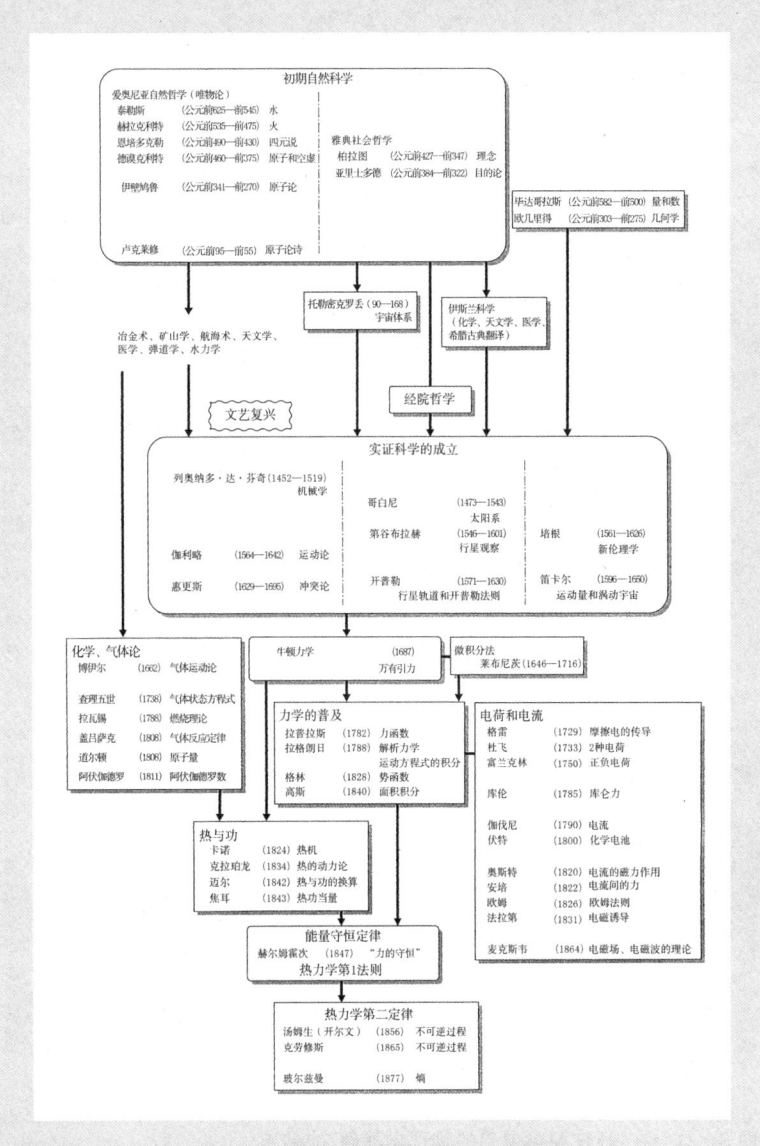

图 5‑20 《抓住科学灵感的物理学基础》中的折叠页
用流程图展现出物理学各种基础理论的历时性关系，在促进读者理解基本概念上费了一番心思

第五章 用多彩的要素演绎文章魅力

附录

(1) 简单函数的微分和积分

1. 微分

在此不进行数学上的缜密论述，设一次任意函数 $f(x)$ 是可能连续微分的函数。此时，关于这个函数的变数 x 的微分是 A-1。从下图可知，在 $\Delta x \to 0$ 极限中（A-1）是在 x 中的函数 $f(x)$ 的切线斜度。在这个极限中的 $f(x)$ 的变分 $df = f(x+dx) - f(x)$ 是 A-2。

$$\frac{df}{dx} = \lim_{\Delta x \to 0} \frac{f(x+\Delta x) - f(x)}{\Delta x} = \lim_{\Delta x \to 0} \frac{\Delta f(x)}{\Delta x} \quad (A-1)$$

$$df = \left(\frac{df}{dx}\right) dx \quad (A-2)$$

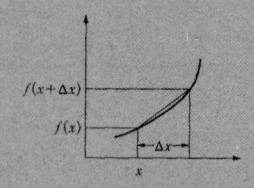

$$\begin{aligned}
\{kf(x)\}' &= kf'(x) \\
\{f(x)+g(x)\}' &= f'(x)+g'(x) \\
\{hf(x)+kg(x)\}' &= hf'(x)+kg'(x)
\end{aligned} \quad (A-3)$$

$$(x^n)' = nx^{n-1} \quad (A-4)$$

$$\left\{\frac{1}{g(x)}\right\}' = -\frac{g'(x)}{(g(x))^2} \quad (A-5)$$

那么，函数 1 阶微分用 ' 表示，h、k 为定数，一般多项式的微分是 A-3。X 为自然数，A-4 已知，这时函数的逆数微分是 A-5。

图 5-21　在《抓住科学灵感的物理学基础》的卷末

为方便读者理解正文，放入了高中数学内容作为补充。考虑到非专业读者，有必要做这样的教科书式的说明

[史料]

《佃农的日常世界——口述记录汇编》

1996年8月、1997年8月、1998年3月、2008年3月在湄公河三角洲农村开展了以85名村民为对象的面对面调查,笔者将收集到的记录以第一人称记载并汇编成数据。其中还记录了笔者的若干解读以及调查时的逸事等。口述内容包含了为论证正文而引用的部分。( )内标注了农民的出生年份、调查时的周岁年龄、民族、性别以及村落名称。

跨越巴萨克河的人们(坚江省)

前半部分是在广袤肥沃的泛滥平原上定居的泰来村的41人的记录。泰来村在20世纪初新田开垦的最前沿,是第五章第一节的调查对象。这里既有在自然河川沿岸定居的人,也有朝着内陆新的蜿蜒河川沿岸定居的人,他们子孙的讲述被汇编于此。在这样的新开垦地,法国殖民时期特有的大土地所有制得到发展。在土地分配不均、贫富差距巨大的农村社会,在第一次印度支那战争期间出现了"解放区"。大多数农民都是佃农。这些在殖民统治下长大的人们的讲述,从20世纪湄公河三角洲农村的视角出发。

1. 从一个家族的家谱说起

首先,介绍跨越巴萨克河定居的某一家族的历史及其家谱。从一个家族的家谱(主要是亲族的系谱)中,可以具体了解到湄公河三角洲地区越南中部人民的开拓历程以及子孙繁衍的过程。居住在坚江市近郊村落的越南人(84岁,日军占领时期为自耕农)提供了相关资料。

老人(S氏)将亲族聚集起来,让每个人回忆相关系谱的片段,然后将其整合完善。S氏称,从最初迁入湄公河三角洲的祖先算起,到他这一代已是第四代。他还私下给我看了用汉字书写的殖民时期的土地文书。

图 5-22 《湄公河三角洲土地所有状况》的卷末资料
其中收录了详细的采访见闻,用民族志的方式补充完善了以社会经济史为研究对象的学术书

10　其他各种技巧

不能在纸面上表现出来的动画，能够变成CD‐ROM、DVD‐ROM作为附录放在书后。最近不用CD、DVD的读者越来越多，因此要想办法像第七章的专栏中介绍的，引入二维码把纸质页面和网络数据结合起来向读者呈现影像和声音。前面提到的《图图巴语》把世界语言中仅有的十余个唇舌音的发音口型等收录在CD‐ROM中作为书的附录。《抓住科学灵感的物理学基础》把利用计算机图形进行的模拟实验也收录在CD‐ROM中作为书的附录。

根据书的内容，能够设计出不同的专属于该书的特色。例如，在《都市交通的政治学》中，为了匹配本书涉及的各种有趣的交通工具，特别设计了"交通工具图鉴"插图页。

本章只关注了写作内容的技巧，除此之外，灵活排版等各种宣传策划技巧在提升学术书籍的可读性方面也有一定作用。随着数字技术的进步和便捷的应用程序的普及，在书中加入可视化内容、促进读者理解的各种手段比以前更容易。但是，如果在使用这些技巧时事先不知晓实际的撰写内容，会引发制作成本和制作时间的巨大浪费，导致书的质量低下，或者书价过高，从而降低发行量。

接下来笔者将在第三部简单介绍排版、印刷等书的制作硬件，销售时的宣传推广以及学术书籍的实际的制作情况。同时，本书也会提到使得制作工序更加顺畅、高效的窍门。

图 5-23 《都市交通的政治学》一书中的"交通工具图鉴"

从政策和技术两方面介绍都市交通的历史社会学,是这本书的一大特色。用这种形式介绍正文中涉及的车辆和技术,增强了读者对这类大部头书籍的亲近感

Ⅲ 刊行

——提高发行量的技巧和制作方法

第六章

标题和索引

——显示在起首和末尾的信息内容

1 起一个有吸引力的标题
2 做一个能传达信息的索引

1 起一个有吸引力的标题

在笔者的书架上有一本书名超级长的日文原版书，平田织佐写的《证明16岁的奥丽莎用前所未有的勇气达到的终极目标和能挑战的极限，暨记录圆满顺利地完成自行车环游世界的冒险之旅的书》（晚声出版社，1981）。直到现在，笔者还记得读该书时被其长标题的设计和书中高中生清新的感性深深吸引。放在当今出版业的话，出版这么长书名的书是需要勇气的。原因是发行公司的线上预订系统数据库里，超出30字的长标题书目录入不了。即使不同意机器优先这一刻板的规定，过长的书名也是不被欢迎的。在此前提下，需要动脑筋让书名符合规定，避免过长标题。

成功的标题是什么？坦率地讲，没有定论。前面提到的平田织佐的书名的灵感来源或许是丹尼尔·笛福的这本《关于一位出生于约克的船员鲁滨孙·克鲁索,由于海难,除自己以外的人全部牺牲,靠着一只遇难船漂到了南美洲大陆岸边,在奥里诺科河河口附近的无人岛上一个人生活了28年,最后奇迹般地被海盗船救回,他充满传奇和冒险的一生的记述》,也就是《鲁滨逊漂流记》。日语翻译引自维基百科(Wikipedia,2014/07/22)。既有因长标题而成功的例子,也有像椎名诚的《蚊》这样使用一个字的精巧标题的例子。不能断言标题越长书就越有趣,也不能断言标题短才好。无论标题长短,其共通的魅力在于让拿到书的读者思考"这是什么"。虽然书名宣告了"这点很有趣"或"一言以蔽之",但是标题的重点不是"说明"书的内容,而是激发读者的疑问和阅读兴趣,让读者感到如果不看书就不会懂。这里再强调一下,要时刻考虑到非专业读者。

在学术书的世界里,书名不是单纯的全书内容说明,超越内容说明取得成功的例子有很多。知名的《学习技巧》(小林、船曳,1994)和《东大英文单词》(东京大学教养学部英语部会,2009)分别以一、二年级的本科生为对象,展示了论文的写作方法、口头发表方法和资料的收集方法。还谈到了学术性文章中具有细微差别、很难区分的基础词汇和英语书面语的常识用法。如果把书名换作《大学的学习方法》《须注意的学术英语单词》会怎样?不仅内容上的特色,编者们对教育的非同一般的想法也都传达不出来。一定也不能获得销售上的成功。

在这点上,"论……"这种恰到好处(与其说恰到好处,不如说是平淡单调)的书名,基本上都缺乏吸引力。拿上面的例子来说,如果改成《出生于约克的船员鲁滨逊·克鲁索的不幸的一生》,是否还会引起那种高度关注?也许最好是从最初的书名缩短到《鲁滨逊漂流记》(顺带提一下,第五章介绍的《安地斯高原》一书,去掉了一切无用的修饰,使用简洁的标题。宣传说这是相关研究者人手必备的书)。可是,在市面上的学术书中到处充斥着"论⋯⋯"这种风格的书名。常见的是《××所藏××文件的××研究——以××为中心》。"××所藏××文件"以前是决不拿出门外、裹着神秘面纱的,虽然有名但没人见过。如果一直作为秘密不为外人所见也好,但是如果以这种书名销售的话,不会引起读者兴趣。一般来说,把研究事项的名字和研究领域的标题直接组合在一起的话,例如《20世纪初叶苏门答腊岛东岸种植园开发的地理学》这一书名,容易让人感到研究对象很小,研究方法平淡无奇。苏门答腊岛东岸是怎样的地区,在那里做种植园开发有何特点,从以上学术性的角度改换一下关键词的话,例如改成《人口规模较小的地域的开发和迁徙——东南亚海域的人口地理学》,给读者的印象就大不一样了。

　　与以上相反,如果研究对象罕见或新奇,研究方法具有挑战性、高科技性的话,也可反其道而行之引起读者兴趣。这种成功的案例如第五章介绍的《图图巴语——描写语言学的研究》。与其相同的还有第五章介绍的《抓住科学灵感的物理学基础——以理解能量为轴》。这本书的书名充分使用了数据库许可范围内的录入字数,在理科学生数量已经相当多的当下,面向进入大学之前尚未修读物理的学生们传达了"至少要理解一些力学和热力学知识,掌握在今天的科技社会中能生存下去的本领"这一含义。如果将这本书的书名改成《物理学基础》或《力学概论》的话,就传达不出这种含义了。

当然,书名也影响着装帧。书名作为思想内容的总括给出创作思路的方向,同时,也影响着制作的最后阶段,更是市场发行量的风向标。从这种意义上看,可以说一本书的创作始于书名也终于书名。原本是论文草稿,在结集成书时标题如何变化?题名如何与装帧设计的巧思结合在一起?笔者在此介绍一些自己亲身设计过的案例。

图6-1是在第二章介绍的在法语、英语的定冠词的用法理解中嵌入心理学框架"认知场"而得到很高评价的作品(小田,2012)。这本书是以作者小田凉的博士研究为基础,博士论文的题目是《法语定名词的语义学——以指示对象的唯一性为中心》。对于语言学专家来说,从这个题名中能够明白研究对象是什么,但是书中稍微偏离语言学方向,关注到心理学"认知场"这一方法论的巧妙性就传达不出来了。而且,由于法语定名词句这一研究对象的局限性,用这个题目来给对其他语言感兴趣的人,或者对语言和认知这一更高层次的研究感兴趣的人做宣传是很困难的。因此,索性把表示限定研究对象的"法语"拿掉。另外,为了把外语水平中级以上的学习者吸引到相当难的"冠词的用法"这一问题上,干脆把定名词句换成单纯的"定冠词"。然后,把这本书的核心含义"探索人的认知和语言建构的指示关系"用最短表达变成主标题。最后,书名就确定为《认知和指示——定冠词的语义学》。认知框架不同,语言就不同;语言不同,认知框架也不同。正因如此,从最基础的词汇用法来理解一

门外语是很难的。小田在装帧上想使用《旧约·创世纪》中一段有名的巴别塔故事为主题的插画，也就是想把这段神话作为书的封面。巴别塔的故事梗概是，原本使用着相同语言的人们开始造一座向救世主挑战的高塔，救世主看到后为了不让人们完成，把世界的语言打乱，以致人们不能理解彼此的语言。这本书的版权页背面刊载了介绍这个故事的古罗马著述家约瑟夫斯的

图6-1 《认知和指示——定冠词的语义学》的装帧
用巴别塔的故事作为主题的绘画来演绎书名，书名清楚地展现了认知框架与语言相互影响的冠词用法的妙趣

第六章 标题和索引　127

题词。这本书获得了涩泽-克洛岱尔国际大奖,取得成功。优良的装帧和书名相匹配,语言学者在外语教育者和外语学习者之间获得了很高的评价。

图6-2是以博士论文为基础编纂的书(上野,2013)。作者上野腾之的博士论文题目是《平安贵族社会的宗教性心理特性和其变化》,主要内容是祈祷神佛保佑的历史研究。古代人为从

图6-2 《梦与魂灵的精神史》封面
单色设计较难理解,运用从红色向黑色的渐变让读者能想象到魂灵笼罩贵族宅邸的样子

梦和疾病的关联、邪气、附体魂灵、疟子等恐惧与迷信中解脱出来，盛行通过祈祷来得到神佛的保佑。因为聚焦于研究对象的趣味性，最终选定的书名为《梦与魂灵的精神史》。如果单色封面的图文有些难懂，全部设计成红色的装帧与题目更匹配，是一种用惊悚吸引人注意的设计。

再介绍一篇出自博士研究论文的书。栗田季佳博士用心理学实验证明了只靠说"不允许歧视"这样的话语很难抑制偏见和歧视心理，那么如何降低偏见和歧视，成为他思考的课题。远离异质物体，努力进化和适应从而生存下去，是生物的活动，也是我们人类本来就具备的心理机制。在现代社会，虽然用"道德教育"的形式教导人们"不允许歧视"，可是偏见和歧视的想法却并未消失，而是潜藏在人们意识深处。也就是说看不见的偏见笼罩着社会。栗田主张，虽然霸凌、种族差别言论等让人心痛的事件屡见不鲜，但首要的是我们要承认有偏见和歧视潜藏在我们心里。栗田的博士论文题目为《对残疾人态度的构成和减少偏见的方法——关注隐性的态度和显性的态度》，文题完整正确地表现了研究内容。可是，"方法"一词就像"论……"这种表达风格一样，有论文特有的生硬，"关注"一词也同样生硬。因此，选择使用日常惯用语来表达"把隐性偏见炙烤出来的心理学研究"这一语义，从而这本书书名确定为《看不见的偏见的科学》（栗田，2015）。顺带说一下这本书的装帧（图6-3），在内封印上书的主要图像与信息，在护封上印上眼睛的形象，且护封使用半透明的硫酸纸，做成眼睛浮现的效果。

图 6-3 《看不见的偏见的科学》的封面设计

眼睛印在外层的硫酸纸上，做出浮现的效果

第四章阐释了关于章节标题的取法，如下：
1）用面向非专业读者的关键词取标题
2）标题要尽力展示论述的宏观性
3）标题要用印象深刻的事例展示

以上三种章节的标题取法较为普遍。但是书名是极为个别的事项，不能千篇一律。刚才举到的事例，决定书名时连装帧设计都注意到了。用不同的方法也能表现同一书,其实,无论什么书,书名和装帧设计都会有很多方案,也许采用其他方案会获得更大的成功。总之,无论何种设计,最后总要定下来一个。其中有困难,也有快乐。想请读者注意什么？有意识地达成这一目标才是创作活动的要义所在。请以创作书名为乐。

2　做一个能传达信息的索引

我想看过本节标题后,很多人都会有这种疑问:附在书后的索引和书的销售有什么关系？确实,索引的好坏并不能单纯地决定书的销路。但是,如果学术书后附上一个根据书的特点深思熟虑后整理完备的索引,一般发行量会很好,这是事实。

这里写的不是数量上"充分",而是"完备"。因为总有这样一种误解——条目数越多,且每个条目对应的页码越多就是好索引。我想这也许是数字时代影响下的结果,把检索性能的高低和索引的功能混同起来了。的确,在多达数百页的论文中,理应出现的一些重要概念和重要的固有名词(地名、人名、组织或制度等)如果能一瞬间检索到,是非常方便的。但是,例如人类学,像"宗教"和"现代化"之类的词虽是极为重要的基本概念,但在文本广泛出现,这些词就算全部搜索成功也几乎没有意义。对于读者来说,索引是展示有意义的词和出现该词的语境,不只展示书中的所有概念和固有名词。那么,应该如何制作索引呢？确定基准和用心制作是必需的,一言以蔽之,在读者浏览索引时,能够凭借索引对本书所涉及的主题和论述概要形成印象,在查找索引时,不让读者感到找到的词条是无意义的索引指示。

第六章　标题和索引　131

为此,必须先思考要刊载哪些词。

其一是与论述框架有关的概念。如前所述,这样的词语一般频繁地出现在论文中。因此,只挑选出这些词的定义,或者对这些词的概念本身和其意义、历史、评价等完整的论述作为索引。如果是地域研究,成为主要论述对象的事物,可以是研究对象的地域的地名、民族名、语言、社会制度,如果是生物学研究,研究对象的种类名经常出现在整本书中。这些事项也经常出现在书名和目录中。索引就限定在综合论述和解释定义与概念的部分,并标出页数。

另外,关于频出的概念,分层显示也是一种办法,如图6-4。在图6-4中,对国际经济贸易上的"规则"这一重要且频出的概念进行了论述上的细化,目的是让读者能够在有意义的语境下查到这个词。这种分层细化也起到了让读者自己意识到论述内容,向读者提示主要论点、视角和方法论的作用。

```
管制    89,129,183,190……
  放宽管制    9,31,58,64……
  管制的国际性整合    13,12—121,130……
  管制的两面性    14……
  管制的民营化    61,63……
  共同管制    14—15,61……
  公共管制    13—14……
  私人管制    14,129……
```

图6-4　分层次的标题的例子(池岛,2014)

相反，出现次数少的情况，例如，只出现一次的地名不需要放在索引中。假设有一篇论述作家少年时代和作品的关系的文章。用以下段落开始，"因《长袜子皮皮》和《吵闹村的孩子》而家喻户晓的作家阿斯特丽德·林格伦的故乡维莫比小镇在瑞典南部的卡尔马省，是距首都斯德哥尔摩乘火车3小时才能到达的农村"。把维莫比小镇放在索引中当然是可以的，但出现在文本中的斯德哥尔摩一词放在索引中就没有任何意义了。也有利用"无意义"反其道而行之的情况。假设上面的这篇文章是介绍众多欧洲儿童文学作家的论文集的一篇，恐怕要在论文集的索引中录入许多像"维莫比""加米施·帕腾基兴"（加米施·帕腾基兴是因《毛毛》《永远讲不完的故事》而知名的德国作家米切尔·恩德的出生地）这种日本人完全没听过的地名。相反，"斯德哥尔摩""巴伐利亚州"这样的词语出现在索引中反而给读者一种安心感、熟悉感。还有一种情况，让索引具有百科辞典的性质。这种情况下如果减少索引的条目，反而不能表现出内容的丰富，需要注意。

在编排上稍微下一点功夫，索引就会成为向读者展示全书含义的工具。在这点上，可以说索引起到了和在第四章论述的标题、目录相同的功能。不用说目录编排好的书销量自然会高，如此考虑，也就能够理解索引是成就一本有吸引力的书的要素。

在这点上，如果把论文集的索引词完全交给每个作者来选择，每一章的选择标准就会因人而异，容易引起失衡。即便要询问每位作者的意见，最终决定索引词的判断也应由编者来做。

第六章　标题和索引　133

第七章

排版和校正的方法

——为了合理制作

> 1 图书的排版和印刷领域——与用电脑写作不同
>   全部处理成文本文档格式
>   全部由非专业人员操作
>   "马上让其修改""随时让其修改"是绝对不能说的话
> 2 合理印刷排版的十项注意
>   一般内容排版时的注意事项
>   图表排版时的注意事项
>   小专栏：连接纸书和电子技术
> 3 确保校正无误的六项注意

从本书的目的——撰写学术书这一角度来看，是不是看到第六章就足够了？并不是这样。稿件写完后，让学术书成为"商品"，送进市场流通的过程不可少。而且，在这一过程中精心操作也是做出影响深远的学术书的重要工序之一。从本章开始的工作，不再是作者一个人的工作，而是集合众多人的协同工作。比起非专业领域的读者，还要考虑到距离学术书更远的一群人，即印刷厂的技师、与图书流通相关的人等。

1　图书的排版和印刷领域——与电脑写作不同

■ **全部处理成文本文档格式**

关于这一点，想请读者理解的是用电脑或打字机写作和图书制造完全是两回事。

正如"个人计算机"这一名称所表示的，在研究室或自家写作大体上是一个人的工作。例如，在自己的计算机显示器上呈现复杂的数学式和化学结构式，然后再把这些数学式和化学结构式输出到打印机的这一系列工作中，为高水平呈现只须在自己的电脑上装好合适的软件和字模库即可。即使在人文、社会领域，用大量俄语、韩语、波斯语等日语、英语常规文字以外的语言撰写论文时，也是调试好符合需求的个人电脑的工作状态即可。在数学、物理学、语言学等领域中，如果现成的计算机状态达不到工作要求的话，研究者自己创设有自己特色的文字排版的 TEX 技术也被广泛运用。用电脑写作说到底还是自己撰写、自己打印，很少考虑到他人。

可是，制造作为工业产品的"书"的过程里，个性化定制原则上完全行不通。如后所述，把稿件设计在纸面上的"文字排版"工作经常在按工业规格设计的特殊系统之下进行。最近，使用桌面出版应用程序（Adobe InDesign）和矢量图形处理工具（Adobe Illustrator）等个人电脑应用软件进行排版虽然增多，但字体、细节样式原则上有统一的工业化（即为了合理使用时间和经费制造大量印刷品而制定的）规格。因此，必须了解这一点：一旦把稿件交给出版社或印刷公司，自己写的稿件就脱离了自己的个人电脑环境,被放在完全不同的系统里进行操作。

  笔者们经常看到这种情形,研究日本史和亚洲史的学者指出,在出版社或印刷厂送来的校样中,自己写的汉字没有被正确地表现出来。历史上有汉字以来,随着汉字不断被创造和充实,已有超过 10 万汉字。即便电子计算机的字符处理因统一代码技术得到了革命性的改善,计算机上的字模库也表现不出规模如此庞大的全部汉字。因此,根据需要创造印刷用汉字即"造字"。研究者用自己的电脑进行"造字"是在个人计算机环境下的操作,在和自己电脑不同的环境下(印刷厂的电脑自不用说,就连研究者隔壁研究室的电脑也属于这一不同环境),所造的字当然就不能再现。说到汉字的造字、稍微复杂一些的数学式、化学结构式等,在个人电脑上无论如何都能把这些表现出来的便利的应用程序得以相继开发。随着这种技术的应用,写作者的操作自由度蒸蒸日上,于是经常忘记"别人的电脑也有不灵的时候"。

  笔者每天接触图书印刷,从笔者的感觉来看,说得夸张一点,自己写的稿件一旦全部变成文本文档格式,原有的字号、字体、粗体或斜体、字的排列方法等属性全部被清除掉,被处理成一份单纯的文本文档数据。为什么特意处理成文本文档格式呢?例如,在 Microsoft Word 文字处理软件环境中,使用应用程序输入稿件并打印出来时为了看上去整洁美观,应用程序就自动对输入的文稿进行处理,如果换上其他软件进行处理的话,就会产生很多麻烦。在此举出两三例。情况最多的就是段落开头空一字。本来应该输入全角的地方,Word 根据原始设置自动生成缩进,即使不输入全角也在段落开头空一字。另外,在开头输入数字序号"1)""2)"分条写的时候,又会自动输入"3)""4)",有时在这些数字后面还加上了制表符。为了对齐每行长度,随便在文字间插入空格。可想而知,出版社使用这些数据决定每一本书的页面大小和排版设计,再由印刷厂根据出版社的要求设计类型,这样一来 Word 的自动处理结果就会带来很大麻烦。便于小型印刷的应用程序所进行的自动处理功能还有其他许多问题,相关的使用注意事项在后文详述。

总之,为处理这些问题,许多出版社(和印刷厂)把研究者创作的稿件数据一次性处理成文本文档格式,再对排版进行必要的处理(删掉不需要的制表符和空格,加入必要的空格等)。还有许多出版社,在成书之际为了追求书的统一感,图表也重新描线,重新打字。可以理解为不仅文字稿,图表也要从头开始处理。

如上所述,在稿件写完之际,作者自己在稿件上花的心思全部被删掉,由和自己完全不相干的人再一次以"书"的形式呈现出来,因此有必要向操作人员详细传达自己在哪里下了苦功,尽量做到使自己满意。用前面讲到的造字的例子来说,在自己的稿件中有需要造字的字,也就是个人电脑上用最常见的字体(Windows 系统最常见字体为 MS 明朝,Macintosh 系统最常见字体为平成明朝)不能表现的字,在打印出来的稿件上明确标出,向操作者明确表示"这个字有必要造字",这样才能使工作顺利进行下去。

■ 全部由非专业人员操作

还有一个不能忘的是操作人员完全没有作者研究领域的知

识。这也是和历史学相关的例子。引用日本近世文字材料时，引文中出现的助词用汉字(江、而、者等)来表示。校正时作者加入了把所有引文中用作助词的汉字调小字号的要求。可是，有这样一段文章，"百姓共一切御用席江相加申間敷侯"[1]，其中哪个是助词呢？可以说几乎没有能判断出来的操作人员。这种情况下，在"江"字上做一个黄色或其他颜色的符号，要求"把这个字缩小字号"，这样做较为合适。

在自然科学领域，这种例子更多。生物学中学名表示的方法，数学上有变数和常数的区别，化学上结构式的"手"的伸出方法等，对于稍稍学过这些领域的人来说最基本、最平常的事项，对于操作人员来说却是全然未知的。所以，在交给操作人员排版和制图时，即便很麻烦也要做出详细的要求，把作者一方的专业化意图充分传达给操作人员，这样才能顺利推进工作。

■ "马上让其修改""随时让其修改"是绝对不能说的话

在这一代研究者中还有一个共性的误解。因为从研究一开始研究者们就使用个人电脑进行论文创作，所以无论何时，只要想修改文稿时就立即修改，而且对于修改后的内容，出版社和印刷厂会即刻做出调整。如果作者改动了自己的稿件，那么互联网就会自动同步，所有终端上的数据也立刻会被修改。这也就是所谓的云时代的感觉。

如前所述，用 Word 等个人电脑软件写成的稿件，其中的文

---

1 译文：欢迎所有农民加入我们。

字部分会全部转成文本文件格式。所以,用 Word 写的稿件上即使用拉丁语的斜体字标记出生物学名,稿件变为文本文档格式后标记也会消失,在印刷厂的系统中不得不再次追加相关信息,重新排版。用 html 形式的数据创建过自己主页的人,都知道"标识"这一概念,印刷厂的操作人员要在稿件上逐一添加与"标识"完全相似的符号。在学术书籍中,一般用圆括号"()"括起来的部分在排版时字号比正文稍小,在用括号括起来的部分的前后会一个一个嵌入"这部分文字(比正文小)用××号字"带这种说明的标识。因此,在做好排版和校对后出样的稿件上添加修订的时候,"请把一句话、一段话(有时一节或一章)原封不动地全部换成其他文档"这种要求反而很麻烦。因为从一开始(包括不需要订正的部分在内)就必须插入标识。从"云一代"的感觉来看,觉得完全替换一下会更快,可是在工业化系统中,反而有很多费事的情况。

这样一来,在图书印刷领域的情况,和用个人电脑写作不同,即便稍做修正都要各种程序,所以必须摒弃如果替换一下就能马上改好,或者随时都能订正这种错觉。如果不改变这种错误想法,就会给操作人员增加不必要的负担,反而会影响操作进度,甚至成为出错的原因。

2　合理印刷排版的十项注意

怎么才能保障工作顺利推进呢?出版社为收稿制作了稿件样式指南,但多是简单的指引,在考虑印刷厂的排版操作、修正操作上,没能做到的还有很多。因此,以下简要归纳了通常出版社的收稿指南中没有的内容以及提高时间和成本效率的操作要点。另外，在以下项目中，把用 Word 等应用软件制作的作者自己的稿件称作原稿。

■ 一般内容排版时的注意事项

1) 表明标题的层次

以前，学术书籍一般都会像这样"第Ⅰ章，2节，(3)项"，给每个标题项加上对应的数字，或者像"1-4-3"这样加在标题前面，标题的层级一目了然。最近，有迎合欧美学术杂志和研究图书的倾向，通过改变标题文字的字号和粗细、变标题文字为斜体字等，使字符的特征多样化，从而用这些多样化的字符标注标题的层级，这样的例子有所增加。像"1-4-3"这种标注方法本身是很好的，英文书中采用这种项目编号的标题风格，读者认为有些老套。

如前所述，在原稿上添加的所有文字特性都会在排版设计时被删除，即便最终取消项目编号，为了方便，操作人员还是在原稿上清晰地标注出标题的层级为好。对于作者自身来说，做临时目录（原稿上的目录）时，明确标出标题的层级更易于把握论述的结构和编排上的问题要点。

2) 原则上在图表上插入序号，注意指定原稿上图表位置的用词

如前所述，原稿的纸页大小、行数和字数等样式在排版设计成书时都会有所改变。一旦改变，显示图表在原稿中位置的词语，例如"下图""下一页的表""右表"等的指示作用就会消失。

当然，实际上做成书的时候必须加入这种指示性词语的情况很多。因此，在原稿中这种模糊词不需要勉强加入，已有的像"下图""下一页的表"这种词，最好换成明确的图表序号，如"图1-3""表2-6"等。如果确实有必要用"下面的""次页的"等词语的话，校正时再加入即可。

3）混入多余信息的稿件不加以排版

最近，经常看到把用在学会报告上的发言稿原封不动地转用为书稿接收的事例。这样会给出版社和印刷厂的工作带来很大障碍。这种用PowerPoint等演示用的应用程序做出来的稿件中的图表和照片有很多问题，关于这些问题后面论述。这里先提醒注意的是，在用于特殊场合（媒体）下的稿件中，有许多作为排版稿件不需要的信息。100页幻灯片的演示文稿中对书的出版有用的部分只有几张，笔者经常接触到这种稿件。这种时候，无论出版社和印刷厂多用心排版，也免不了会犯必要的图表没做出来，反而很多不需要的图表排到了稿件中的错误。作为书出版，原稿要确定好必须进行版面设计的、必要且充分的内容，然后再进行排版。

4）改变文字特性的时候，用记号明确标出

再反复强调一下，因为在变成文本文档格式的时候，原稿中所有文字的特性会全部消失，所以必须正确无误地指出在书稿中应该呈现的形式。再给文字添加着重号、旁线、注音假名、斜体、字间空格等一些文字特性时，每次都要明确指出。不想更改数学公式等的版面设计形式时，一定要把自己设想的形式输出呈现出来，想提醒操作人员注意的部分还是要做上记号予以说明。

5) 使用多语言、生僻字、计算机系统自带文字的注意事项

避开在技术层面上解说字模库不谈，要知道市面出售的个人计算机所安装的初始系统中都是极为普通的字模库，一旦在稿件中不慎用到了系统识别不了的文字，就会出现大问题。最近，为配合专门领域的论文写作，市面开始销售一些学术用程序软件，装备在这些应用程序上的特殊字模库种类丰富，非常便于论文写作。可是很多印刷厂的输出机（生成用工业用印刷机印刷之前的数据的机器）没有装备这些特殊的字模库，出版社和印刷厂的操作系统在印刷时就会造成"文字丢失""缺字漏字"的情况。

所以，除英语、日语以外的像俄语、希腊语、韩语、汉语（繁体字、简体字）和在日语中不常用的汉字或异体字、合字等使用在稿件中时，在该字上做记号，同时告知出版社和印刷厂的负责人，在怎样的计算机操作系统下、使用了什么应用程序、利用哪一个字模库来写的。并提出校正和印刷时保证再现原稿字符的要求。

■ **图表排版时的注意事项**

6) 务必打印出完稿后的图像再排版

研究者制作论文用图表时一般都使用 Adobe Illustrator 等绘图软件和 Microsoft Excel 等计算软件。无论哪种软件都很方便，用这些软件做成的图表数据也便于进行出版设计。问题是把用这两款软件做成的图表数据应用在 Office 系统，特别是 Word 和 PowerPoint 上时，存在兼容问题。如前所述，Word 和

PowerPoint本身自带排版功能,使用者即使不特意操作也会按照预定的样式自动变更图片的大小和纵横比。例如,在原稿文档中基本上是正方形的纵横比的图表,一插入到Word和PowerPoint中就变成横向较长了。一旦这种被自动处理过的稿件进入排版工序,操作人员就会误以为自动处理后的横向较长的定稿图表是正确的,于是继续往下推进工序。对于制作精美的图书来说,原则是只要没有特殊原因,相同内容的图表要以相同大小、相同线粗、相同纵横比刊在页面上(保持相同内容图表的统一)。为操作人员乍一看就能做到保证图表的统一,作者要提交一份明确显示自己意图的图表定稿(有时也要加上必要的说明)的打印稿。为提高书的质量,提交在插入Word和PowerPoint之前(纵横比变化之前)的原始数据是必不可少的。

另外,在专业领域使用CAD系统的情况较多。出版社和印刷厂还要考虑与原有系统匹配不上的问题。这时如果有作者自己提交的原稿,操作就会变得顺利很多。

7) 多余的情报删掉后再排版

这里与前文提到的3)有重合。排版成书时,原稿中一旦有多余的信息掺入的话,版面设计就不美观。不仅如此,还会浪费作图(作表)时间。特别是在排地图的时候,经常能看到这样的排版要求,以市面销售的地图类和Google Map等网上地图服务为基础,再加入论文论述上需要的信息。这时,出版社和印刷厂就修改地图,在原稿地图上添加了很多地名、道路等实际论述不需要的详细信息。作者没有提出特别要求,出版社和印刷厂对原稿原封不动地进行排版,这样就会出现有多余的信息、重要的信息看不见的图表。当然,在校对时会把多余的部分删掉,作图、修正都要花大量时间。即便麻烦也要在排版时预先提出详尽的要求。

8) 原则上以单色印刷为前提进行排版

很遗憾,大部分学术书籍正文都是用单色(黑白)印刷。与此相反,待排版的原稿大多是多色印刷。在此之前,用各种单色花纹替换不同颜色的各部分,制作时要多花些心思,是可以做到单色印刷的。可是,最近在遥感和地理信息系统(GIS)等观测、解析方法进步并普及的大背景下,不仅自然科学,就连人文社会科学领域也开始综合运用各种观测数据和浓度分布表示数据法来分析事物现象,也就是所谓的重叠图的层级的方法在扩展。在这种解析图表中用许多颜色的渐变来表现分布和重叠。这种情况下单色印刷就很不合适。

例如,以黑色为基调的卫星图像上用红色和蓝色渐变表现植被分布的示意图,如果用单色印刷的话,大部分会呈现出黑色,只有极少的蓝色渐变部分会泛白,浮在黑色之上。在这种情况下,排版时预先把作为基调的地图变成普通地图而非卫星图像,并且用单色的浓淡来显示,这样就能达到良好的制图效果。使用下一页小专栏中谈到的 QR(Quick Response,快速反应)和 AR(Augmented Reality,增强现实)技术能够突破印刷局限,排版时最好与出版社和印刷厂事先沟通。

❖小专栏

连接纸质书和电子技术

例如,在地域研究领域,有很多研究者俯瞰作为研究对象的地域时,会想"如果能用上网络上的图像就好了"。网络上提供的免费图像并不是不能全部用于书中,但自由使用的确很困难。也有很多研究者经常告诉我,希望调研时自己拍的视频和写在书上的内容匹配在一起展示给读者。

为满足这种需求,惯用的办法是如第五章介绍的,把含有视频的 CD-ROM 和 DVD-ROM 附在书后,或者链接上网络提供的各种信息的网址。笔者也做过一些这样的书,不过也有很大的问题。最大的问题是最近的个人电脑基本上都不装 CD-ROM 和 DVD-ROM 的光驱,无论在书后附加多少这样的光盘,读者都无法使用。而且,由于发布者的原因,网上的各种情报经常会被删掉或者变更地址,不能保证永久利用。

能够使用的方法是应用 QR 和 AR 技术,用智能手机等终端在书上扫描,链接到由出版社或作者负责准备好的网上信息,视频就可以利用起来了。在《网格城市——西班牙殖民城市的起源、形成、变化、转型》(2013)和《大元都市》(2015)中,如图 A,正文中好几处图表都标注了二维码。用智能手机或 PC 输入板扫描读取二维码,通过京都大学学术出版会的服务器与京都大学的影像档案馆链接,就能看到关于该图表的各种信息、例如展示城市历史变迁的视频、最近调研到的影像、显示在该图表上的地理卫星图像。通过出版部门的服务器这一点很重要,即使大学的影像档案馆地址变更了,作者和出版部门也能订正相关链接。这种手段对有视觉有要求的自然科学类实验书、教材等也非常有效。

不过,使用这种方法必须在正文中插入二维码,但随之而来的是设计上的问题,刊载过多的二维码,版面就会变得不美观。在这点上,目前(本书刊行的时点)需要花费相当高的费用,所以不太现实。如果使用 AR 技术,即把正文中的图表和文字作为链接标识使用的技术,也许能解决这种问题。

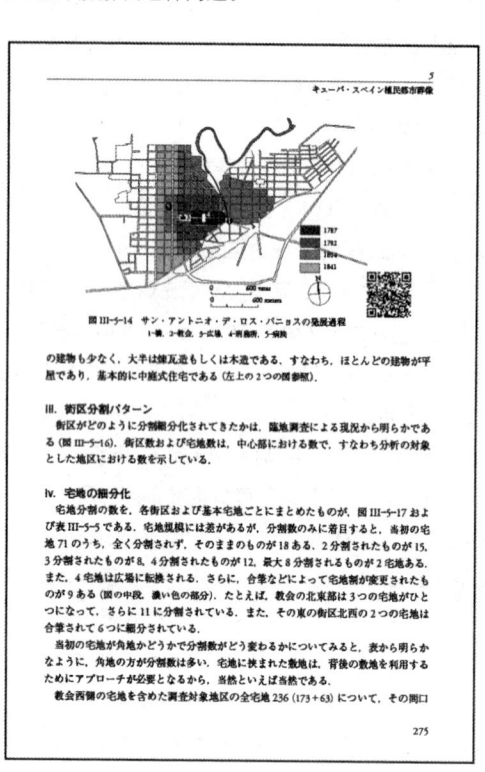

图 A　《网格城市》中图表的例子

智能手机扫描二维码,就能展示城市历史变迁的视频

9）图像的清晰度和排版文档形式

使用数码相机和智能手机能简单地拍摄照片，利用网络，办好与著作权和肖像权有关的必要手续，各种视觉材料就能轻而易举地到手，非常方便。问题是这种电子稿件不一定合适学术书的印制。

一个是分辨率的问题。胶片相机拍摄的照片冲印后变成稿件时，为保证图片符合刊登页面的大小，要按照所需分辨率进行印刷加工。很多人都听说过，今天的工业化印刷是通过细小墨点的疏密再现照片的纹样（图7-1）。单色印刷（黑白印刷）也是根据印刷厂系统进行，墨点的密度被要求从 300 dpi 到 400 dpi 以上，也就是 1 英寸的宽度中要求有 300—400 以上的点。在此为不招致误解附带说明一下，以 400 dpi 以上的密度刊登在页面的大小为例。长宽 2 英寸大小、400 dpi 的照片稿件如果想以 10 英寸的正方形刊登在页面上的话，实际的分辨率是 80 dpi。

最近，数码相机配置有高像素数传感器，只要按照最初设置拍照，符合刊登在普通学术书籍上的尺寸大小，就能够做出一份高分辨率的电子文档。但是，由于一些原因缩小图像尺寸（原因经常是为便于刊登在自己的博客上，一开始就缩小图像尺寸拍摄），或者用大约 2000 年之前销售的比较老、像素数也比较低（不到 100 万像素）的数码相机拍照的情况下，即便用普通学术书半页纸刊登，也得不到高分辨率的图像。贴在网络主页上的图像在个人计算机的显示器上看都非常绚丽，可是印刷时完全不行。有一个办法，用家用喷墨打印机打印在光面纸上，然后把印好的光面纸送去印刷厂，请印刷厂用高分辨率处理。不过这样

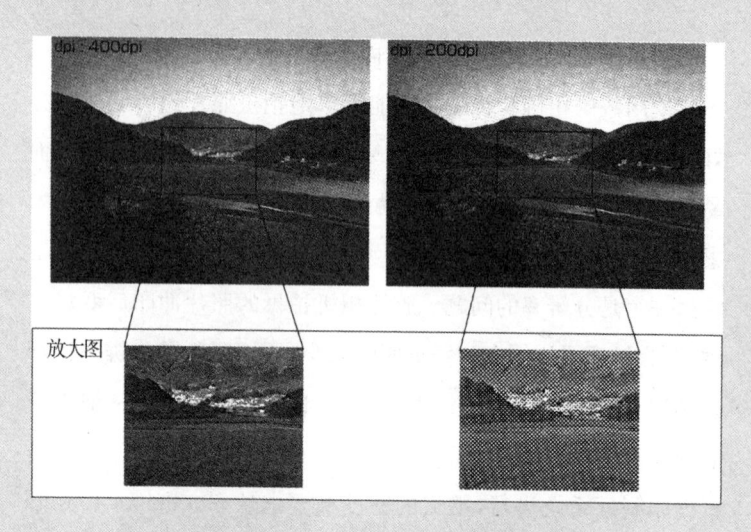

图 7-1　在一般书籍印刷中的浓淡呈现和图片的分辨率

在个人电脑上看起来画面相同的两张照片分辨率却不同（左面 400 dpi，右面 200 dpi）。如果放大刊登在印刷介质上，右图表现浓淡的点（网点）就会变得稀疏，图片也会变得不美观

操作也不一定顺利。

图像进入排版文档的形式，一般采用 JPFG 格式。的确，JPFG 格式对图像数据的尺寸要求不高，小尺寸的图像也可进行排版，用个人计算机处理图像时也很方便。但是缺点在于印刷排版时，每调节和加工一次图像（调整尺寸、对比度和其他要素使其适应印刷需要），图像的画质就变差一点。因此，笔者推荐印刷排版时用 TIFF 格式。

10）原则上处理好著作权

在使用图表和照片时，这些图表和照片很多都是从其他研究书籍或学术杂志转载来的。这种情况下，要满足著作权法规定的"引用"的必要条件，标明出处，不需要获得特别许可的才可以刊登。引用的必要条件是什么呢？判断起来并不简单。

简单说来，在正文中用和自己的论述相关的内容翔实地阐述了被引图表的形式和内容，通过展示被引图表，自己的论述的客观性、说服力得到增强，这种情况可视为"引用"。反过来说，抱着"举一例"的想法展示图表和照片，对其不加特殊评论，就不能说满足了"引用"的必要条件。毫不介意地说，这样会引来意想不到的麻烦。

另外，即便是自己做的图表，曾经投稿给学术杂志，或已刊登在其他学术书籍上，按照学术杂志的投稿规定和出版合同，很多情况下都是限制再次使用的。所以，即便是自己创作的作品，只要发表过，就要事先确认好相关规定。

不仅限于图表和照片，一旦涉及学术书籍中的引用，其中就隐藏着意想不到的陷阱。根据需要，与大学、研究机构的法务部门，出版社的法务部门和日本联合著作权中心（http://jucc.sakura.ne.jp/）沟通，原则上在排版印刷之前，著作权法上的疑问先解决好。

3 确保校正无误的六项注意

反复强调多次，已排版好的原稿并不是原封不动地作为书的页面直接进行版面设计的。所以，要以第 2 节所示的注意事项为中心，第一次校稿时必须重新通读全文和所有图表。以此为前提，含第 1 节讲到的注意事项在内，在本节中归纳一下校正的注意事项。

1)"随时让其修改"是绝对不能说的话——初校、二校、三校都应该如此

如第 1 节所述,如果有打字机写作的感觉,就会不断要求修正已经排版过的稿件,这样给操作人员增加徒劳无益的负担,也容易招致错误。当然,因为是学术论文,有必要注意精确度和最新信息。在欧美的学术出版社中,校正时严禁修改内容。不遵守规定的话,每修正一词要缴纳相应的罚金。站在研究者立场来看,绝对禁止修正是很苛刻的要求。那么,做怎样程度的修正才可以呢?出版社和负责编辑的工作人员不同,允许的范围也不同。笔者认为以下思考方法大概会得到相关人员的认可。

a) 初校,原则上为了提高精确度,有必要的话可以全部修正。论述的大框架不应改变,为反映原稿创作完后才了解到的或应参考的先行研究、新资料、最新数据等新知识,在必要的范围内可以变更写作内容。为了提高可读性,可最小限度地修改推敲后的文章的表达。因此,出版社和印刷厂在初校时要做好较大的整页版面设计的变更。

b) 二校,原则上只确认初校时的修正是否已做好。有大修正时,重读一遍全文,检查有没有打字错误。这一环节上,不做表达上的推敲,当然也不做整页版面设计的变更和修正。

c) 有第三次校正的情况下,三校时检查二校修正的部分,只在没有修正好的地方加入修正要求。为慎重起见,通览全文注意发现有否伴随修正操作而产生的错误(漏字等)。为制作索引做准备。避免提取索引导致的页面变更。

我认为一旦设定好了这样的基准,修正的量和内容自然而然就确定下来了。无论如何,在最终校正阶段都有必须修正的事项。例如,重要的(特别是现存的)人名、重要的历史事件的年号、与资助出版制度相关的必要的谢词和表达等,这些事项在写作原稿时要充分注意,二校精读原稿时要再次确认。笔者每天打交道的印刷公司,二次校对时,即便页面上有一个字要改也得修正,有修正的页面占全书的三分之一,这样一来追加费用也就随之产生了。为了控制成本无意义地上升,没必要的修正尽量避免。

2) 校正用校正纸,用 PDF 的校正要特别注意

许多出版社(印刷厂),校正都用印刷输出机(制作印刷数据的机器)输出,出版社为保证和印刷时相同的内容,发给作者校正纸并请作者校正。有很多年轻的研究者认为在个人电脑和网络的时代不需要纸,但如前所述,图书的排版一旦把原作的数据全部转化成文本格式后,就在和原作不同的计算机系统下进行。普通的日语和英语文章除外,公式和各种记号、英语以外的语言等部分在其他计算机系统下就不能保证丝毫不差地再现原作。特别是用排版用的应用程序(例如 Adobe Indesign)直接写出的 PDF 文档,字模库的风格展现全部依赖于阅览该文件的计算机,所以很多时候都和最终印刷时的风格不同。为避免"校正时和印刷成书时的内容不同"这一麻烦,校正内容必须写在校正纸上。作者在国外拿不到校正纸的情况下,用文档转送服务把扫描校正纸的 PDF 发送给作者即可。

3) 原则上不用电子文档发送修正部分的数据

如前所述，在排版设计时，排版操作人员在把原稿变为文本数据之后，还要重新插入很多标识。因此，不能做大幅度的修改，因为一些小改动而替换整部原稿会增加很大负担。有些年轻研究者经小幅修改后，交来几行替代文字（充其量十几个文字），这样做对于操作人员来说反而是一种麻烦。如果是连续100字以下的修正，与其提供替换数据，不如操作人员直接重新打字更快。这也是一般排版操作人员的意见。

4）注意电子邮件上的修正要求

最近，在电子邮件正文中插入"把××页第××行改为××"这种要求逐渐增多。这也是导致麻烦的原因。特别是像"把'在京都'变更为'在东京'"这样简单的订正。而且，也会有在不允许修正的地方加入修正的危险。实际上，最终校正须用邮件送达，所以如果重要的人名更换了，印刷、装订也要跟着重做。这种事例笔者也耳闻目睹过。

用邮件提出的修正要求容易生成循环往复、无休无止的修正风格。在研究者看来，想在退回到出版社和印刷厂的校正样本里填入修正内容，这种心情可以理解。但是，在进行修正的操作人员看来，在确定好的工作日程中，不是什么时候都可以受理修正。操作人员对于这样的状况肯定束手无策。因此，重要的是确定自身的操作标准，在第一次校对和第二次校对（还有一次校对机会的情况）中，除了由修正带来的文章的大变动、页面改动和脚注、图表的位置改动等大修正以外，其他应等到下次校正时再提出，这样有利于操作顺利进行。在三校、清样等最终校样中，除非是为了向出版资助方致谢这类限于制度而必做的修正，不做追加修正。尽量让作者放弃追加非本质的修正的想法。

5）由检索带来的统一变更是错误的根源

笔者反复强调，用个人电脑写作时认为修改是理所当然的事，在工业化印刷领域里却不尽然。作者提出修正要求时，经常会被告知"不允许检索替换"，这又是为什么呢？当然，如果能根据论文内容做适当匹配的话，"检索替换"是充满电子技术时代风格的便捷的修正方法。可是，由谁"来根据论文内容做适当的匹配"呢？印刷排版通常都是由印刷厂的操作人员来完成。有时出版社里负责制作的人也会承担此项工作，多数情况下，出版社都是外包给印刷厂来制作。排版的数据出版社一端处理不了，所以对书的内容的理解方面，即便有编辑能达到和作者同等程度，他也无法进行检索替换的工作。有人会说"统一字的用法并不是件难事"，正因如此，许多问题就产生了。例如，把"更"这一汉字换成"さらに"（sarani）假名，和"时值变更之际"一句中的"更に"怎么区别呢？或者，如果"更に"是引用资料或者某人的论文中的一行文字，这样可以置换吗？结果，多数情况下操作人员必须仔细看含有"更に"的这一行文字的前后部分，即使认真看也判断不出来。还有图表本身含有的文字，无论怎么检索排版数据，都检索不全。"检索替换"虽然非常方便，但是相关的修正要求容易不够周全，有时检索替换后会犯大错误。所以，原则上不进行检索替换。

6）操作人员容易弄错的模糊要求例

不仅作者，大多数排版操作人员也生长在这个私人计算机文字处理时代，以前理应能够理解的修正要求，现在经常表达不

第七章 排版和校正的方法 153

出来。特别是使用简化字的问题,把"問"写成"向"、把"点"写成"奌",对于上一代人来说普通的事,对于所谓"天生的数字"一代来说却是完全陌生的。笔者也曾遇到过特意把"問"简化成"向"字的情况。虽然没必要写出美观的字,但是校正必须用楷书标出。除此之外,在学术书籍上经常看到的问题是 a(英文字母 A 的小写)和 α(希腊语的阿尔法)、t 和 τ(函数)、x 和 χ(kai)的不同,1(算术数字)、l(英文字母)和 ℓ(公升),关于以上这类不易分辨的文字,要用铅笔增添片假名来加以说明。

出版、印刷行业有一套用于标出修正内容的固定写法,叫作校正符号。学术书的作者没必要记住这些符号,但删除和插入符号还是记住为好。有了这些符号,删除或插入长语句时会一目了然,如果删除或插入一两个字时只做一个小标记,操作人员(有时校正者自己)会看漏。

还有一点,多名作者的共著书在校正过程中容易出现矛盾的指示,关于相同事项的修正处理,由于作者较多,最终改得各式各样。如在第四章举出的例子"可视空间的速写本",根据作者的不同,对专门概念的理解和评价也各有不同,标识和译词也不固定。不过,最常见到的是外国人名和地名的标注不统一。例如,怎么写哲学家 Ludwig Josef Johann Wittgenstein 的姓氏。在旧文献中写的是"迪特根斯坦",在引用这个人名的论文集中,某一章的作者把这个人名标注修正为"维特根斯坦",某一章的作者又把它改成"卜特根斯坦"。这种情况经常出现。除非特殊情况,人名和地名的标注应统一。统一到哪一个标准上,事先还要做好明确的指令。

结束语

——学术书籍的写作与阅读

本书经常提起"面向二环乃至三环外的非专业领域读者",是希望写作者学会面向与自己的研究不直接相关,但对此感兴趣的人。那么,这样的人在哪里呢?如果作者自己对那些"二三环外"的非专业读者都不在意,那就难以想象读者到底会是谁。本书在第一章写道,由于"教养主义"的垮塌和学术信息的网络在线化,读者消失,也就是难以看见读书的人。透过现象看本质,其实是作者自己对自身专业以外的领域失去了兴趣。

请看如下标题:

- 不对称触媒氢化反应的研究
- 生物大分子识别和结构分析方法的开发
- 对宇宙中微子检测的尖端性贡献
- 预言夸克至少有3代以上,对称性被破坏的根源的发现
- 在素粒子物理学与核物理学中自发对称性被破坏的发现
- 绿色荧光蛋白质(GFP)的发现
- 以钯为触媒的交叉耦合的开发
- 成熟细胞初始化并具有多功能性的发现
- 能够实现高亮度、省电的白色光源的蓝色发光二极管的

发明

众所周知，以上标题是进入21世纪后日本（或原日本国籍）研究者荣获诺贝尔奖的实绩。可是请人极为简要地说明以上标题的内容，估计没有能做全部解说的人。当然，那时为市民能够理解，普通报纸上都非常详细地刊登了解说报道。不过，又有多少日本人精读过这些报道呢？普通市民自不必说，即使从事研究、教育的人估计也不会精读。

围绕STAP细胞的一连串纷争，在一些论点上暴露出学术界所具有的危险性。许多人指出，通过一系列的大学改革把市场竞争机制强行加入研究实际，在STAP细胞纷争背景下年轻研究者的职位不足日渐凸显。可是，接受并利用学术成果的一方所存在的问题，还没有被强烈提出，也就是指出问题根本所在的讨论太少。问题根本在于大学改革的另一面，实施废止教养课程，过度重视专业课程这一政策的结果是研究者和学生都变得不关心自己专业以外的领域了。没有仔细审查常规的研究者学位论文的事实，相关者与其认真检查论文内容更热衷于宣传自己有强烈影响的业绩的逸闻，这些都会让人怀疑相关专家自身实际上对研究内容并不关心。

"因为不是自己的专业就不懂"这句话经常穿插在研究者间的会话中，已经变成一种常用的套话。"是知识？还是信息？"，也是本书中提出的问题。"知识"本来应该是在各种领域里积累起来的知性活动的总体，现在却作为被切分在每个狭小专业领域里的"信息"，变成一种专业间不能互相理解的编码。由此带来"对专业以外的领域漠不关心"。不仅媒体热衷于发布"诺贝尔奖",政治领袖也卷入与之相关的狂热和幻灭,及事后引发的事态,有理由认为这种"对专业以外的领域的漠不关心"才是 STAP 细胞纷争的根本原因。

  笔者旨在写一本有影响力的学术书。作为前提,自己坚信发布的成果是值得信赖的同时,有必要做好接受严厉批评的心理准备。为此,必须充分注意读者关心的事和读者所受的科研训练水平,一言以蔽之,自身对非专业领域读者的关心是非常重要的。先前举的获得诺贝尔奖的科研实绩对于许多研究者来说或许的确超出专业领域很远。可是,写学术书的人怎么能不关心汇聚了广泛社会关注的事情呢? 为了能够解说,具有作为前提的科学知识的大量学问是极为必要的。笔者经常自省,担心自己能否做出浅显易懂的说明。"写"学术书无非就是"读"学术书,言外之意在于,归纳本书就是在整理笔者们的思想。实话说,本书的写作契机也在于想把目睹的以上现状组合在一起。

  另一个契机是从 2010 年开始,京都大学实施一种制度,校长裁量经费以支持年轻研究者发表专著,因此每年有超过十部的博士论文寄给我们编者。虽然这些论文构思新颖、方法独到,但都是以主审和副审为对象,为通过学位审查而撰写。作为书展示给更广大读者的话,有些内容过于专业而需要修改。在编者们仔细认真地述评和加注修改意见的过程中,博士论文的共性问题非常明显地浮出水面。本书第二部分的内容就是在每天的工作中总结出来的要项。

  考虑到这些在编纂工作中总结出来的注意事项不仅对博士论文,也对多人联合撰写的论文集和常规的学术书写作有益,于是在京都大学附属图书馆和京都大学学术出版会的共同主持下，召开了题为"不可不知的论文写作术——为公开发表有影响力的研究成果"的讲座(2013年11月1日)。讲座上由本书介绍的关西学院大学小田凉副教授和本书的主笔之一铃木主要面向研究生和博士后就书中应该写些什么、书的编纂和标题的理想取法等做说明，得到诸多好评。这也是写作本书的一个契机。

讲座结束后，参加者又自发展开了研讨。在热情洋溢的研讨中，我的这一想法更加强了，专业书作者必须抱有对专业领域以外的关心。随后，还是由相同的两机构共同举办了题为"致成为将来领导者的你——阅读专业领域以外的专业书"的座谈会(2014年6月6日)。座谈会以代表日本理科和文科知识的评论家京都大学名誉教授佐藤文隆、东京大学名誉教授山内昌之与本书中介绍的京都大学白眉中心助教中西龙也为中心，是面向本科生的一次活动。半年后，两机构又组织了理科生看文科书、文科生看理科书的读书会。在这些活动中的热烈讨论和发生的小故事就不在此详加记述了。在这一系列全情投入的活动中，从本书第一部分谈到的"是知识？还是信息？"的问题出发，笔者自己也想再次思考"所谓的书到底是什么"这一问题。

回顾以上历程，我们重新认识到，本书与其说是我们两人的著作，不如说是在和许多人的共同工作中获得的大量教诲。

其中京都大学学术出版会原理事长佐藤文隆先生不仅向本书推荐文章，而且就在学术研究中图书的位置和作用是什么这一根本问题，给了我们很多教导。在我们撰写本书之际，佐藤先生也赐教了重要论点。另外，关于阅读书籍的实践活动，我们多次从山内昌之先生那里获得宝贵建议。以小田凉先生、中西龙也先生为首的在本书中作为事例被举出的众多研究者,本书的出版社以及与本书相关的工作人员,含未被作为事例举出的人员,还有我们帮助过的许多研究者,配合着我们的日常工作,为我们支撑起本书的基础。支持我们的还有在经济上给予我们成书帮助的各种资助团体的相关人士,特别是京都大学促进人文社科领域的年轻研究者们成果公开发表的历届校长,松本纮先生、山极寿一先生。

正如上文提及,本书完全基于附属图书馆和出版会共同合作的项目成果,这一共同合作开始于2008年且一直持续到现在。附属图书馆馆长引原隆士先生为首的历届馆长先生和前事务部部长枥谷泰文先生、前情报管理科科长加藤晃一先生为首的图书馆职员为各种策划活动的成功举办给予了许多帮助。特别是赤泽久弥先生从图书馆和出版会共同合作这一原本偶然的开始,一直持续不断地给予学术出版活动以深切关注,给我们也提供了诸多指点。

笔者虽然愚钝,但能走到今天,从事这份工作,全拜从年幼时到现在的各位恩师所赐。特别是主笔之一高濑,如果没有高中时代的恩师已故的石川敏先生、大学时代的恩师——已故的西田利贞先生,走不到今天,衷心感谢两位老师。也衷心感谢在工作上严格要求、温暖相待的各个领域的老师。

在此也一并衷心感谢没有列出姓名、以各种形式协助本书创作的各位。

最后,这是一本由工作人员转型为著者的特别图书。向允许这本特别图书刊行的京都大学学术出版会前理事长桧山为次郎先生、现任理事长末原达郎先生，以及为本书的制作尽心尽力的编辑部、营业部、经营管理部的全体工作人员表示感谢。就以感谢之词作为本书的结尾吧。

2015 年 8 月

著者

参考文献・参照事例

[序　言]

ボック, デレック（宮田由紀夫訳）(2015)『アメリカの高等教育』玉川大学出版部（原著：Bok, D, *Higher Education in America*, Princeton: Princeton University Press, 2013）

Cheney, L (1991) "Foolish and Insignificant Research in the Humanities", *The Chronicle of Higher Education* (July 17, 1991).

Chodorow, S (1999) "The Place of Scholarship, the Scholarly Career, and the Monograph: The Once and Future Monograph", in M. M. Case(ed.),. *The Specialized Scholarly Monograph in Crisis or How Can I Get. Tenure If You Won't Publish My Book?* Association Research Libraries.

Garfield, E (1996) "What Is The Primordial Reference For The Phrase 'Publish Or Perish'?", *The Scientist*, Vol: 10(12).

Hamilton, D (1991) "Research Papers: Who's uncited Now?", *Science* 251: 25.

ホウズ, G・R（箕輪成男訳）(1969)『大学出版部 ―― 科学の発展のために』東京大学出版会（原タイトル *To Advance Knowledge: A Handbook on American University Press Publishing*, American University Press Services, 1967）.

日本書籍出版協会（編）(1968)『日本出版百年史年表』日本書籍出版協会.

出版年鑑編集部（編）『出版年鑑　2014』出版ニュース社.

出版ニュース社（編）(1997)『出版データブック　1945〜1996』出版ニュース社.

鈴木哲也（近刊）「知のコミュニケーションの再構築へ ――「大学ランキング」と学術出版」.

東京大学出版会(1991)『東京大学出版会 40 年の歩み』東京大学出版会.

東京大学出版会(2001)『東京大学出版会 50 年の歩み』東京大学出版会.

渡辺勲(1999)「大学出版部と母体大学との関係 ―― 続・岐路に立つ大学出版部」『大学出版』41 号.

Waters, L (2004) *Enemies of Promise: Publishing, Persisting, and the Eclipse of Scholarship*, Chicago: Prickly Paradigm Press.

[第一章]

Evans, James A. (2008) "Electronic Publication and the Narrowing of Science and Scholarship", *Science* 321: 395-399.

Eve, M (2013)「海外の動向：人社系 OA 誌の最前線」（第 2 回　SPARC Japan セミナー 2013「人社系オープンアクセスの現在」での講演）http://www.nii.ac.jp/

sparc/event/2013/pdf/20130823_doc4.pdf
北原保雄（2004）「図書館情報大学閉学式学長式辞」(http://www.ulis.ac.jp/heigaku.html 2014年10月7日閲覧)
竹内洋（2003）『教養主義の没落 —— 変わりゆくエリート学生文化』（中公新書），中央公論新社．
長谷川一（2003）『出版と知のメディア論 —— エディターシップの歴史と再生』みすず書房．
箕輪成男（1983）『歴史としての出版』弓立社．
文部科学省（2012）『科学技術白書〈平成24年版〉強くたくましい社会の構築に向けて —— 東日本大震災の教訓を踏まえて』日経印刷．
文部省学術局情報図書館課（1972）『人文・社会科学関係，学術情報の流通・利用の実態調査・結果報告』．
ル・ゴフ，ジャック（柏木・三上訳）（1977）『中世の知識人 —— アベラールからエラスムスへ』（岩波新書），岩波書店．
鈴木哲也（2008）「知のコミュニケーションの核としての共同 —— 学術情報リポジトリと大学出版会（京都大学の試み）」『大学出版』74号：21-27．
楊暁捷・小松和彦・荒木浩（編）（2013）『デジタル人文学のすすめ』勉誠出版．

［第二章］
河合香吏（編）（2009）『集団 —— 人類社会の進化』京都大学学術出版会．
河合香吏（編）（2013）『制度 —— 人類社会の進化』京都大学学術出版会．
Mueller and Oppenheimer (2014) 'The Pen Is Mightier Than the Keyboard: Advantages of Longhand Over Laptop Note Taking', *Psychological Science*, Vol. 25(6) 1159-1168.
内藤真帆（2011）『ツツバ語 —— 記述言語学的研究』（プリミエ・コレクション8）京都大学学術出版会．
中西竜也（2013）『中華と対話するイスラーム —— 17-19世紀中国ムスリムの思想的営為』（プリミエ・コレクション37）京都大学学術出版会．
小田涼（2012）『認知と指示 —— 定冠詞の意味論』京都大学学術出版会．
長田俊樹（編著）（2013）『インダス —— 南アジア基層世界を探る』（シリーズ 環境人間学と地域），京都大学学術出版会．
齋藤孝（2013）「いま古典力を考える」（シンポジウム「知を磨く西洋古典」（2013年7月23日，主催：京都大学学術出版会・慶應義塾大学出版会・大学出版部協会・活字文化推進会議）での特別講演）．

［第三章］
川口朋子（2011）『戦時下都市防空における建物疎開 —— 京都の事例を中心とし

て』京都大学博士論文（人間・環境学）。
川口朋子（2014）『建物疎開と都市防空 ──「非戦災都市」京都の戦中・戦後』京都大学学術出版会。
床呂郁哉・河合香吏（2011）「なぜ「もの」の人類学なのか？」，床呂・河合編『ものの人類学』序章，京都大学学術出版会。
丹羽朋子（2011）「かたち・言葉・物質性の間 ── 陝北の剪紙が現れるとき」，床呂郁哉・河合香吏編『ものの人類学』1章，京都大学学術出版会。

［第四章］
飛田範夫（2000）「庭園植栽史の研究」京都大学博士論文（農学）。
飛田範夫（2002）『日本庭園の植栽史』京都大学学術出版会。

［第五章］
G supple 編集委員会・小山敦代・池西静江編（2005）『まとめてわかる看護学概論』（G supple）メディカ出版。
林哲介（2006）『科学のセンスをつかむ物理学の基礎 ── エネルギーの理解を軸に』京都大学学術出版会。
池島祥文（2014）『国際機関の政治経済学』京都大学学術出版会。
柿崎一郎（2014）『都市交通のポリティクス ── バンコク 1886～2012 年』京都大学学術出版会。
河合香吏（編）（2007）『生きる場の人類学 ── 土地と自然の認識・実践・表象過程』京都大学学術出版会。
河合香吏（編）（2009）『集団 ── 人類社会の進化』京都大学学術出版会。
河合香吏（編）（2013）『制度 ── 人類社会の進化』京都大学学術出版会。
永田俊・熊谷道夫・吉山浩平（編）（2012）『温暖化の湖沼学』京都大学学術出版会。
内藤真帆（2011）『ツツバ語 ── 記述言語学的研究』京都大学学術出版会。
西田利貞・佐藤矩行（編）（2003）『新しい教養のすすめ　生物学』昭和堂。
小田涼（2012）『認知と指示 ── 定冠詞の意味論』京都大学学術出版会。
老川祥一（2012）渋沢・クローデル賞授賞式での受賞作（小田，2012）審査講評，2012 年 6 月 29 日，東京：日仏会館。
岡本正明（2015）『暴力と適応の政治学 ── インドネシア民主化と地方政治の安定』（地域研究叢書 30）京都大学学術出版会。
小野林太郎（2011）『海域世界の地域研究 ── 海民と漁撈の民族考古学』（地域研究叢書 24）京都大学学術出版会。
柴田一成・上出洋介（編著）（2011）『総説　宇宙天気』京都大学学術出版会。

清水展（2013）『草の根グローバリゼーション —— 世界遺産棚田村の文化実践と生活戦略』（地域研究叢書 25）京都大学学術出版会。
髙田洋子（2014）『メコンデルタの大土地所有 —— 無主の土地から多民族社会へ フランス植民地主義の 80 年』（地域研究叢書 27）京都大学学術出版会。
山本紀夫（編）（2007）『アンデス高地』京都大学学術出版会。
吉岡桂子（2015）「「やくざ」社会を体張って考察」（『朝日新聞』2015 年 8 月 2 日付朝刊「読書欄」書評，対象書籍は岡本，2015）。
有文出版（2013）『教科書ガイド　高校理科　第一学習社版　科学と人間生活』文研出版（発売）。

[第六章]
池島祥文（2014）『国際機関の政治経済学』京都大学学術出版会。
小林康夫・船曳建夫（編）（1994）『知の技法』東京大学出版会。
栗田季佳（2015）『見えない偏見の科学 —— 心に潜む障害者への偏見を可視化する』京都大学学術出版会。
小田涼（2012）『認知と指示 —— 定冠詞の意味論』京都大学学術出版会。
東京大学教養学部英語部会（編）（2009）『東大英単』東京大学出版会。
上野勝之（2013）『夢とモノノケの精神史 —— 平安貴族の信仰世界』京都大学学術出版会。

[第七章小专栏]
布野修司・ヒメネス・ベルデホ　ホアン・ラモン（2013）『グリッド都市 —— スペイン植民都市の起源，形成，変容，転生』京都大学学術出版会。
布野修司（2015）『大元都市 —— 中国都城の理念と空間構造』京都大学学術出版会。

鈴木哲也、高瀬桃子
学術書を書く
Copyright © 2015 by SUZUKI Tetsuya, TAKASE Momoko
All rights reserved.
Originally published in Japan by Kyoto University Press, Kyoto
Chinese (in simplified character only) translation rights arranged
With Kyoto University Press, Japan
through HIROGAWA CO., LTD.

江苏省版权局著作权合同登记图字：10-2024-166号

图书在版编目（CIP）数据

学术书生存指南 /（日）铃木哲也，（日）高瀬桃子著；丁瑞媛，齐珂译. -- 南京：南京大学出版社，2025.6. -- ISBN 978-7-305-28894-4

Ⅰ. H052-62

中国国家版本馆 CIP 数据核字第 202514NF49 号

出版发行　南京大学出版社
社　　址　南京市汉口路22号　　邮　编　210093

XUESHUSHU SHENGCUN ZHINAN
书　　名　学术书生存指南
著　　者　[日]铃木哲也　高瀬桃子
译　　者　丁瑞媛　齐　珂
责任编辑　刘慧宁

照　　排　南京紫藤制版印务中心
印　　刷　南京鸿图印务有限公司
开　　本　880 mm×1230 mm　1/32　印张 5.375　字数 117 千
版　　次　2025 年 6 月第 1 版　2025 年 6 月第 1 次印刷
ISBN　978-7-305-28894-4
定　　价　50.00 元

网　　址　http://www.njupco.com
官方微博　http://weibo.com/njupco
官方微信　njupress
销售咨询　(025)83594756

* 版权所有，侵权必究
* 凡购买南大版图书，如有印装质量问题，请与所购图书销售部门联系调换